Gestão de Projetos

Série de livros sobre CQRM Aplicado

Volume VI

Aplicação da Simulação de Risco Monte Carlo, Opções Reais Estratégicas, Previsão Estocástica, Otimização de Portfólio, Análise de Dados, Business Intelligence e Gestão de Projetos

IIPER Press

IIPER
Press

Johnathan Mun, Ph.D.

Califórnia, EUA

ROV Project Economics Analysis Tool

Este livro é dedicado a Jayden, Emma e Penny.

Num mundo onde o risco e a incerteza abundam,
São as únicas constantes na minha vida.

Dedicado à memória de amor da minha mãe.

Delicie-se com o Senhor e ele conceder-lhe-á os desejos do seu coração.

Salmo 37:4

PRÓLOGO

A **Série de Livros CQRM Aplicado** discute como aplicar análises avançadas, contidas no programa Certificação em Gestão Quantitativa de Risco (CQRM), para problemas de negócios da vida real. No Volume VI, demonstramos como modelar e simular riscos em projetos complexos para obter e avaliar riscos de cronograma e custos, simular suas incertezas, executar análises de sensibilidade e usar suas propriedades analíticas para tomar decisões estratégicas.

As aplicações pragmáticas são enfatizadas para desmistificar os elementos que não estão qualificando à análise de risco. Uma caixa preta continuará a ser uma caixa preta se ninguém conseguir entender os conceitos, apesar de seu poder e aplicabilidade. Até que os métodos da caixa preta se tornem transparentes, para que os pesquisadores possam entender, aplicar e convencer outros de seus resultados, seu valor agregado e aplicabilidade, é que as abordagens receberão ampla atenção. Essa transparência é alcançada através das aplicações passo a passo da modelagem quantitativa, bem como a apresentação de múltiplos casos e discussão sobre aplicações na vida real.

Este livro destina-se àqueles que completaram o programa de certificação CQRM; mas também pode ser consultado por aqueles familiarizados com métodos básicos de pesquisa quantitativa, há algo para todos! É um texto igualmente aplicável no segundo ano de um MBA/MS ou no nível introdutório de um Doutorado. Os exemplos do livro exigem conhecimento prévio do tema.

Para obter informações adicionais sobre o programa CQRM, acesse os seguintes sites:

www.iiper.org

www.realoptionsvaluation.com

www.rovusa.com

Prof. Dr. **Johnathan C. Mun é** o fundador, presidente e CEO da Real Options Valuation, Inc. (ROV), uma empresa localizada ao norte do Vale do Silício, Califórnia e focada em consultoria, treinamento e desenvolvimento de software. Especializada em opções reais estratégicas, avaliação financeira, simulação de risco Monte Carlo, previsão estocástica, otimização, análise de decisões, business intelligence, sistemas analíticos para seguros de saúde, gestão de riscos de negócios, gerenciamento de riscos de projetos, métodos de pesquisa quantitativa e análise de riscos. A ROV tem parceiros e consultores em vários continentes, tais como: **África:** África do Sul, Gana, Nigéria, **América do Sul:** Argentina, Brasil, Colômbia, Peru, Venezuela, **América Central:** Porto Rico, **América do Norte:** EUA/ *Chicago, Nova York,* México / *Cidade do México,* **Ásia:** Arábia Saudita, China/ *Pequim, Hong Kong, Xangai,* Cingapura, Coreia do Sul, Índia, Japão, Malásia, Rússia, **Europa:** Eslovênia, Espanha, Itália, Reino Unido e Suíça /*Zurique,* entre outros. ROV também tem um escritório local em Xangai.

Por sua vez, o Dr. Mun preside o Instituto Internacional de Educação Profissional e Pesquisa (IIPER), uma organização globalmente credenciada, composta por professores de grandes universidades do mundo e que fornece Certificação em Gestão Quantitativa de Riscos (CQRM) e Certificação em Gestão de Riscos (CRM), entre outras.

Dr. Mun é o criador de várias ferramentas de software poderosas, incluindo: Risk Simulator, Real Options SLS Super Lattice Solver, Modeling Toolkit, Project Economics Analysis Tool (PEAT), ALM: Credit Market Operational Liquidity Risk (CMOL), Equity Options Assessment of Employees, ROV BizStats, ROV Modeler Suite (Basel Credit Modeler, Risk Modeler, Optimizer e Valuator), ROV Compiler, ROV Extractor and Evaluator, ROV Dashboard, ROV Quantitative Data Miner e outros softwares de aplicação de aplicativos, bem como DVD de treinamento de análise de risco ROV. Realiza seminários públicos sobre análise de riscos e programas de CQRM. Possui mais de 21 patentes registradas e pendentes em todo o mundo. Escreveu mais de 26 livros publicados por John Wiley & Sons, Elsevier Science, IIPER Press, e ROV Press, incluindo múltiplos volumes da Série Aplicada CQRM (IIPER Press, 2019-2020), *Modelagem de Risco, Aplicação de Simulação de Monte Carlo, Opções Estratégicas Reais, Previsões Estocásticas, Otimização de Portfólio, Análise de Dados, Business Intelligence e Modelagem de Decisões,* Primeira Edição (Wiley, 2006), Segunda Edição (Wiley, 2010) e Terceira Edição (ROV Press, 2015); *Manual do Banqueiro sobre Risco de Crédito* (2008); *Modelos Analíticos Avançados: 250 aplicações sob o Acordo de Basileia para Wall Street e Além* (Wiley 2008 e Thomson-Shore 2016); *Análise de Opções Reais: Ferramentas e Técnicas,* Primeira Edição 2003, Segunda Edição 2005, Terceira Edição (2016); Curso de Análise de Opções *Reais: Casos de Negócios* (2003); *Análise de Risco Aplicado: Ultrapassando a incerteza* (2003) e *Valorizando as Opções de Ações de Funcionários* (2004).

Seus livros e softwares são usados em mais de 350 das melhores universidades do mundo, incluindo: Instituto Bern na Alemanha, Universidade Chung-Ang na Coréia do Sul, Universidade de Georgetown, ITESM no México, MIT, American Navy Graduate School, New York University, Estocolmo University na Suécia, University de Andes no Chile, University of Chile, University of Hull, University of Pennvlania Escola Wharton, Nova Iorque.

Atualmente, o Dr. Mun é professor de risco, finanças e economia. Lecionou cursos de gestão financeira, investimentos, opções reais, economia e estatística na universidade e pós-graduação no nível do MBA, Mestrado em Administração de Empresas e Doutorado. Lecionou em universidades de vários países, como a Naval Postgraduate School dos EUA (Monterrey, Califórnia) e a Universidade de Ciências Aplicadas (Suíça e Alemanha) como professor titular, Golden Gate University (Califórnia) e Universidade de St. Mary (Califórnia). a Ele orientou várias teses de graduação em pesquisas dentro dos comitês de MBA e dissertação de Doutorado. Também ministra cursos públicos semanais em Análise de Riscos, Análise de Opções Reais e Análise de Risco para Gestores, onde os participantes podem obter certificações de conclusão de CRM e CQRM. É sócio principal do Magellan Center e é membro do Conselho de Padronização da Academia Americana de Gestão Financeira.

Foi Vice-Presidente de Análises da Decisioneering, Inc., onde liderou o desenvolvimento software de opções e de análise financeira, consultoria analítica, treinamento e suporte técnico e onde também foi o criador do software *Real Options Analysis Toolkit,* mais antigo e menos poderoso que o antecessor SLS Opções Reais. Antes de ingressar no Decisioneering, foi Consultor e Economista Financeiro na área de Avaliação Global e Serviços Financeiros da KPMG Consultoria e Gerente de Serviços de Consultoria Econômica da KPMG LLP.

Possui vasta experiência em modelagem econométrica, análise financeira, opções reais, análise econômica e estatística. Durante seu mandato na Real Options Valuation, Inc., Decisioneering e KPMG Consulting, ele ensinou e assessorou diversas questões relacionadas a opções reais, análise financeira, previsão financeira, gerenciamento de projetos e avaliação financeira para mais de 100 empresas multinacionais (entre seus clientes anteriores e atuais estão: 3M, Airbus, Boeing, BP, Chevron Texaco, Financial Accounting Standards Board, Fujitsu, GE, Goodyear, Microsoft, Northropthrop , Pfizer, Timken, Departamento de Defesa dos EUA, Marinha dos EUA e Veritas, entre muitos outros). Antes de ingressar na KPMG, trouxe uma experiência como Diretor de Planejamento Financeiro e Análises da Viking Inc. e na FedEx, fez previsões financeiras, análise econômica e trabalho de pesquisa de mercado. Antes disso, trabalhou de forma independente em planejamento financeiro e consultoria.

Dr. Mun é Doutor em finanças e economia pela Universidade de Lehigh, onde suas áreas de pesquisa e interesse acadêmico têm girado em torno de investimento financeiro, modelagem econométrica, opções financeiras, finanças corporativas e teoria microeconômica. Também é Bacharel em Ciências da Gestão e Graduado em Ciências da Gestão (BS) em Biologia e Física. É certificado em Gestão de Riscos Financeiros, Consultoria Financeira e Gestão Quantitativa de Riscos. É membro da *American Mensa, Phi Beta Kappa Honor Society* e *Golden Key Honor Society,* bem como muitas outras organizações profissionais, como as Associações Financeiras do Leste e do Sul, a *American Economics Association* e a International *Association of Risk Professionals.*

Além disso, o Dr. Mun escreveu muitos artigos acadêmicos que foram publicados em: *Journal of Expert Systems with Applications; Revista de Investigação de Aquisição de Defesa; Instituto Americano de Procedimentos Físicos; Investigação de Aquisições; Revisão dos avanços em Contabilidade Quantitativa e Finanças; Global Finance Journal; Revisão Financeira Internacional; Journal of Financial Analysis; Revista de Economia Financeira Aplicada; Journal of International Financial Markets, Institutions and Money;*

Notícias de Engenharia Financeira; e *Journal of the Society of Petroleum Engineers.* Finalmente, ele contribuiu com dezenas de capítulos de livros e escreveu mais de cem artigos técnicos, boletins informativos, estudos de caso e artigos de pesquisa para Real Options Valuation, Inc.

JohnathanMun@cs.com   São Francisco

Sobre o Tradutor

Prof. **Nelson Rodrigues de Albuquerque** – Análise de Projetos e Riscos Corporativos

Engenheiro Eletrônico PUC-Rio, MBA Executivo pela COPPEAD/UFRJ, Mestre em Administração IBMEC-RJ e Doutor em Engenharia Elétrica / Especialista em Métodos de Apoio à Decisão e Gestão Quantitativa de Risco. Profissional Certificado pelo IIPER-USA. Na área acadêmica: coordenador de cursos *in-Company* do IBMEC-RJ; Pesquisador do Laboratório de Inteligência Aplicada-ICA do DEE-PUC-Rio); consultor CTC-PUC-Rio. Ministrou cursos avulsos na Universidade Estácio de Sá (Niterói-RJ) / Pós-Graduação, na FUNENSEG/ENS-Rio, e na Universidade Federal do Rio Grande do Sul – UFRGS - Dpto. Metalurgia. Coorientador de candidato a Doutorado da UFRGS/PPGE3M. Atualmente é professor da Universidade Brasília-**UnB** / Departamento de Ciência da Computação (admissão março de 2020) e professor do Instituto Brasileiro de Executivos de Finanças – IBEF-Rio.

Pesquisador: Coordenou e/ou participou de projetos de pesquisa para: MME, USAID, Banco Mundial, PNUD, ENRON, ANP-Petrobras, ANEEL-LIGHT e UFGRS.

Executivo: CAEEB (Setor Elétrico), Cia. Navegação Lloyd Brasileira S.A., HPUmatic Automação Industrial, Barueri/SP, Membro do Conselho do Padrões do IIPER/USA.

Empresário: Sócio da empresa Métodos de Apoio à Decisão (ROV-Brasil) e consultor da *Real Options Valuation, Inc.*

Nelson.Albuquerque@unb.br

... poderoso conjunto de ferramentas para gestores de portfólio/programa na escolha racional entre alternativas...
> Contra-Almirante James Greene (Ret.), Presidente de Aquisições, Escola de Pós-Graduação Naval (EUA)

... essencial para qualquer profissional... abordagem lógica, concreta e conclusiva...
> Jean Louis Vaysse, Vice-Presidente da Airbus (França)

... abordagem comprovada e revolucionária para quantificar riscos e oportunidades em um mundo incerto...
> Mike Twyman, Presidente, Soluções de Missão, Cubic Global Defense, Inc. (EUA)

... leitura obrigatória para quem trabalha em economia e investimentos... É a melhor maneira de quantificar riscos e opções estratégicas...
> Mubarak A. Alkhater, Diretor Executivo, Novos Negócios, Saudi Electric Co. (Arábia Saudita)

... técnicas de risco pragmáticas e poderosas, valiosas perspectivas teóricas e analíticas úteis na indústria...
> Dr. Robert S. Finocchiaro, Diretor, Serviços corporativos de P&D, 3M (EUA)

... as ferramentas de risco mais importantes em um único volume, fonte definitiva em gerenciamento de riscos com exemplos claros...
> Dr. Ricardo Valerdi, Sistemas de Engenharia, Instituto de Tecnologia de Massachusetts (EUA)

... conceitos passo a passo complexos com facilidade e clareza incomparáveis... uma "leitura obrigatória" para todos os profissionais...
> Dr. Hans Weber, Líder de Desenvolvimento de Produtos, Syngenta AG (Suíça)

... abordagem passo a passo clara... tecnologia de última geração na tomada de decisões para o mundo real dos negócios...
> Dr. Paul W. Finnegan, Vice-Presidente da Alexion Pharmaceuticals (EUA)

... Mapa de estradas e escopo claro de tópicos para criar estratégias e opções dinâmicas e ajustadas ao risco...

Jeffrey A. Clark, Vice-Presidente de Planejamento Estratégico,
A Timken Company (EUA)

... exploração claramente organizada e apoiada em ferramentas sobre riscos, opções e estratégias de negócios na vida real...

Robert Mack, vice-presidente, analista distinto,
Grupo Gartner (EUA)

... toda a gama de metodologias que quantificam e mitigam riscos para alcançar uma gestão de negócios eficaz...

Raymond Heika, Diretor de Planejamento Estratégico,
Northrop Grumman Corporation (EUA)

... leitura obrigatória para gerentes de portfólio de produtos... captura exposição de risco de investimentos estratégicos...

Rafael Gutierrez, Diretor Executivo de Planejamento Estratégico de Marketing da Seagate Technologies (EUA)

... temas complexos explicados excepcionalmente... que podem ser compreendidos e implementados...

Agustín Velázquez, Economista Sênior,
Banco Central da Venezuela (Venezuela)

... Fonte permanente de aplicações práticas com simplesmente excelente teoria de gerenciamento de riscos!

Alfredo Roisenzvit, Diretor Executivo/Professor,
Risk-Business Latin America (Argentina)

... o livro de modelagem de melhor risco agora é ainda melhor... leitura necessária para todos os executivos...

David Mercier, vice-presidente corporativo Dev.
Bonanza Creek Energy [Petróleo e Gás] (EUA)

... ponte entre teoria e prática, intuitiva com interpretações compreensíveis...

Luis Melo, Econometrist Sênior,
Banco da República da Colômbia (Colômbia)

... ferramentas valiosas para as empresas gerarem valor para seus acionistas e sociedade, mesmo em tempos difíceis...

Dr. Markus Gotz Junginger, Sócio Sênior,
Gallup (Alemanha)

Sumário

1

GERENCIAMENTO ANALÍTICO DE PROJETOS EM POUCAS PALAVRAS

Todas as organizações dependem fortemente de ferramentas de planejamento de projetos para preverem a conclusão de projeto. Concluir projetos dentro dos prazos e nos orçamentos especificados é crucial para facilitar operações suaves de negócios. Em nosso ambiente altamente tecnológico, muitos fatores podem impactar o cronograma. As capacidades técnicas podem muitas vezes não corresponder às expectativas. Em outros casos, os requisitos não são suficientes e exigem uma definição maior. Por outro lado, os testes podem produzir resultados surpreendentes – bons ou ruins. Em outras palavras, há uma lista completa de motivos que podem causar lacunas no cronograma ou, pelo contrário, podemos ter sorte e acelerar o cronograma.

As durações dos projetos são inerentemente incertas, e as mudanças são normais. Portanto, devemos esperar mudanças e encontrar a melhor maneira de lidar com elas. Então, por que os projetos demoram mais do que o esperado? Uma das razões deve-se à estimativa imprecisa do cronograma. A discussão a seguir fornece uma descrição das deficiências dos métodos tradicionais, ao estimar o cronograma e como simulações e análises avançadas podem ser aplicadas para suprir essas deficiências.

A gestão tradicional de cronogramas começa, geralmente, com a elaboração de uma lista de tarefas. Essas tarefas são então organizadas e ligadas do antecedente ao sucessor de cada tarefa. Elas geralmente são exibidas, seja em um Gráfico de Gantt ou em formato de Rede. Para efeitos de nossa discussão neste capítulo, focamos no diagrama da rede. Isso desenvolve então a duração de cada tarefa dentro da rede. A duração estimada para cada tarefa é atribuída a uma estimativa de um único ponto, embora por experiência sabemos que esta estimativa deve ser uma gama de valores. Portanto, o primeiro erro é usar uma estimativa de um ponto. Além disso, muitas das pessoas que estimam a duração, tentam fazer o seu melhor e dão uma estimativa otimista ou ideal. Se assumirmos que a probabilidade de alcançar essa estimativa ideal para uma tarefa é de 20%, então a probabilidade de obter o caso ideal para duas tarefas é de apenas 4% (20% de 20%) e três tarefas produzem apenas 0,8%. Em um projeto real com muito mais tarefas há apenas uma pequena possibilidade de alcançar um cronograma ideal.

Uma vez que as estimativas de duração da tarefa são desenvolvidas, a rede é construída e as diferentes rotas são desenhadas. As durações das tarefas são adicionadas em cada uma dessas rotas e a de maior duração é identifica como caminho crítico.

A Figura 1.1 mostra a rede e o caminho crítico. A soma das durações da tarefa, ao longo do caminho crítico, é indicada como a data de conclusão do projeto. Na Figura 1.1, existem quatro rotas críticas ao longo da rede do início ao fim. A rota mais curta -mais rápida- é a *Tarefas 1-2-3-10-11* com uma duração total de 22 dias. A próxima rota mais rápida é *Tarefas 1-7-8-9-10-11* em 34 dias, e depois há a rota *Tarefas 1-4-5-6-10-11* com uma duração de 36 dias. Finalmente, a rota *Tarefas 1-4-8-9-10-11* leva mais tempo durando 37 dias e essa é considerada a rota crítica para esta rede.

Então vamos dizer que esta rede de tarefas é nossa parcela de um esforço maior e que há algum outro esforço anterior que vem acontecendo há um dia. Nosso chefe nos pede para encurtar nossa agenda em um ou dois dias para colocar o esforço geral de volta aos trilhos. A gestão tradicional de prazos tem um objetivo: encurtar o elemento com maior duração no caminho crítico. Outra abordagem é encurtar cada tarefa ao longo do caminho crítico. Como a primeira técnica é mais focada e provavelmente será bem sucedida e cria pequenos conflitos em nossa equipe, digamos que usaremos essa. Desta forma, queremos reduzir a *Tarefa 8* de 10 para 9 dias para encurtar nossa programação para satisfazer nosso chefe ou nosso cliente. Vamos deixar a metodologia tradicional nesta fase por estarmos satisfeitos com nossos esforços, mas curiosos para buscar alternativas. O próximo passo é explorar simulação e análise de risco para melhorar a gestão de projetos. Especificamente, usaremos simulações de risco Monte Carlo em cada um dos custos e duração projetados para cada tarefa, tendo em vista o perfil probabilístico e os riscos da rede.

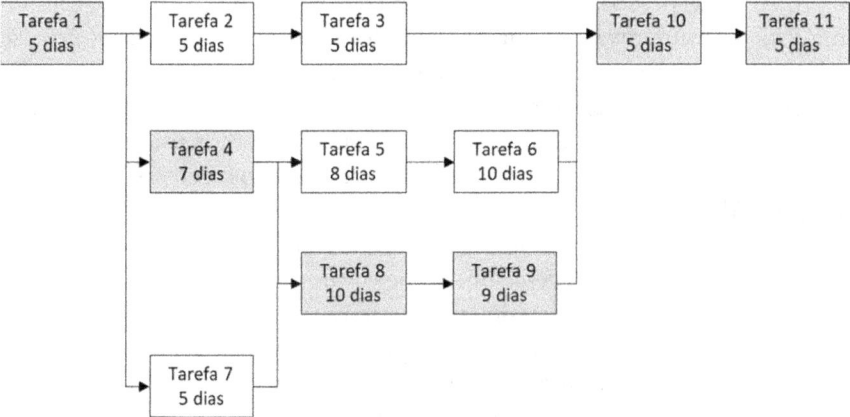

Figura 1.1: Sequência do Caminho Crítico mais Provável da Rede

Gerenciamento de Cronograma Probabilístico

Se concordarmos que as durações das tarefas podem variar, então devemos levar essa incerteza em conta nos modelos de cronograma. Um modelo de cronograma pode ocorrer criando uma distribuição de probabilidade para cada tarefa, representando a probabilidade de completar a tarefa específica em uma duração específica. As técnicas de simulação Monte Carlo podem então ser aplicadas para prever toda a gama de possíveis durações do projeto.

Uma simples distribuição **Triangular** é uma distribuição de probabilidade razoável e é usada para descrever a incerteza durante a duração de uma tarefa. É um cenário natural porque se pedirmos a alguém para nos dar uma gama de valores de duração para uma tarefa específica, ele geralmente fornece dois dos elementos da distribuição: a duração mínima e máxima. Precisamos perguntar ou determinar apenas a duração mais provável, para completar a distribuição Triangular. Os parâmetros são simples, intuitivamente fáceis de entender e facilmente aceitos por clientes e chefes. Outras distribuições mais complexas como **Beta** ou **Weibull** podem ser usadas, mas muito pouco é obtido em qualquer caso, uma vez que a determinação dos parâmetros estimados para essas distribuições é suscetível a erros e o método de determinação não é fácil de explicar ao cliente ou chefe.

Para obter as melhores estimativas, devemos usar múltiplas fontes para alcançar as estimativas dos valores mínimos, mais prováveis e máximos para as durações das tarefas. Podemos conversar com o contratante, o gerente de projetos e as pessoas que fazem o trabalho prático e, em seguida, elaborar uma lista de estimativas de duração. Dados históricos também podem ser usados, mas devem ser feitos com cuidado, pois embora os esforços possam ser semelhantes aos projetos anteriores, estes geralmente contêm vários elementos ou combinações únicas. Como guia, podemos usar a Figura 1.2. Os valores mínimos devem refletir a utilização ideal dos recursos. Os valores máximos devem levar em conta problemas substanciais, mas não é necessário levar em conta o pior cenário onde tudo dá errado e os problemas se acumulam entre si. Deve-se notar que o valor mais provável será o valor mais experimentado, mas geralmente, na maioria dos casos, é menor que a mediana ou a média. Em nosso exemplo de um caso na Figura 1.1, serão utilizados os valores mínimos, mais prováveis e máximos apresentados na Figura 1.3. Podemos usar as premissas de *entrada* do *Risk Simulator* para criar as distribuições triangulares com base nos parâmetros mínimos, mais prováveis e máximos. A duração dinâmica da coluna de valores mostrada na Figura 1.3 foi criada tomando um exemplo aleatório de cada uma das distribuições triangulares associadas.

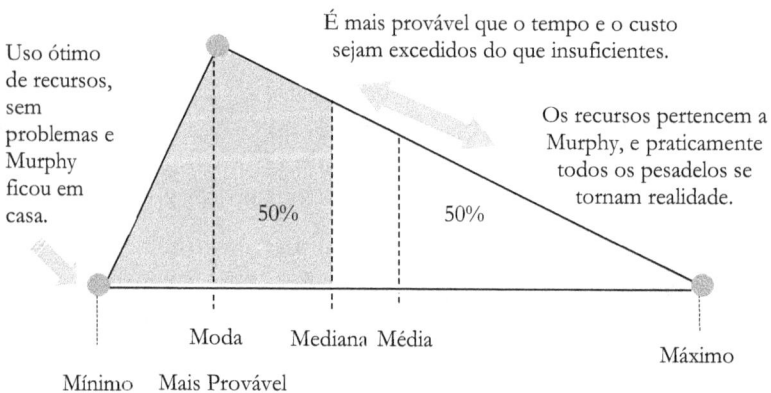

Figura 1.2: Distribuição Triangular

Depois de criar as distribuições triangulares, o próximo passo é usar a rede de agendamento para definir as rotas. Para o exemplo do caso na Figura 1.1, existem 4 rotas ao longo da rede do início ao fim. Esses caminhos aparecem na Figura 1.4 junto com suas durações associadas. (Nota: Ao configurar a planilha para várias rotas, é absolutamente essencial usar as suposições de entrada para as durações da tarefa e, em seguida, referenciar essas células de duração da tarefa ao calcular a duração de cada rota. Este método garante que a duração das tarefas individuais seja a mesma, independentemente de qual caminho seja usado. A duração total do cronograma em geral é o máximo das quatro rotas. No *Risk Simulator* chamamos essa célula como *Previsão de Saída*. Na análise probabilística do cronograma, não nos preocupamos com situações críticas/quase críticas de rota, pois a análise relata automaticamente todas as durações das rotas ao longo dos cálculos.

# TAREFA	NOME DA TAREFA	MIN	+PROV	MAX	PONTO ESTIMADO
1	Análise do *Stakeholder*	4,5	5	6	5
2	Hierarquização das Metas	4,5	5	6	5
3	Desenvolvimento de Métricas de Decisão	5,5	6	7	6
4	Análise Funcional	6	7	9	7
5	Requisitos do Módulo Primário	7	8	10	8
6	Desenvolvimento do Módulo Primário	9	10	13	10
7	Análise Funcional do Módulo Secundário	4,5	5	6	5
8	Requisitos do Módulo Secundários	9	10	12	10
9	Desenvolvimento do Módulo Secundário	8	9	10	9
10	Estudos Comerciais	2,5	3	4	3
11	Especificação Final de Desenvolvimento	2,5	3	4	3

Figura 1.3: Faixa de Durações da Tarefa

Agora podemos usar o *Risk Simulator* e executar uma simulação Monte Carlo para produzir uma previsão em relação à duração do cronograma. A Figura 1.5 mostra os resultados para o problema do exemplo. Vamos voltar aos números dados pelo método tradicional. A estimativa original indicava que o projeto seria concluído em 37 dias. Se usarmos a função cauda-esquerda na tabela de previsão, podemos determinar a probabilidade de terminar a tarefa em 37 dias com base na simulação Monte Carlo. Neste caso, há apenas 8,27% de chance de terminar dentro de 37 dias.

Esse resultado ilustra a segunda deficiência no método tradicional: não só o ponto de estimativa é incorreto, como nos coloca em uma situação de alto risco de exceder o custo, antes mesmo do trabalho ter começado! Como mostrado na Figura 1.5, o valor médio é de 38,5 dias. Alguns padrões da indústria recomendam o uso de 80% do valor de certeza na maioria dos casos, o que equivale a 39,5 dias, no problema do exemplo.

Rota 1	Dur. 1	Rota 2	Dur. 2	Rota 3	Dur. 3	Rota 4	Dur. 4
1	5.78	1	5.78	1	5.78	1	5.78
2	4.79	4	7.78	4	7.78	7	5.20
3	6.16	5	9.22	8	10.05	8	10.05
10	3.33	6	10.12	9	9.40	9	9.40
11	3.76	10	3.33	10	3.33	10	3.33
		11	3.76	11	3.76	11	3.76
Totais	23.82		39.99		40.10		37.52
Programação Total Geral			40.10	(Máximo dos totais)			

Figura 1.4: Quadro com as Rotas e Durações para o Problema do Exemplo

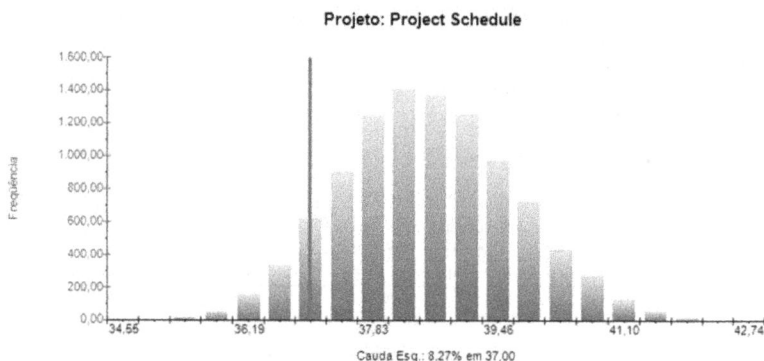

Projeto: Project Schedule

Figura 1.5: Resultados da simulação

Agora vamos rever o pedido do chefe para reduzir toda a programação em um dia. Onde fazemos o esforço para reduzir a duração geral? Se estamos usando o gerenciamento probabilístico do cronograma, não usamos o caminho crítico; Então, por onde começamos? Através das ferramentas do *Risk Simulator* como *Análise Estática* (Tornado) e *Análise de Sensibilidade* (Correlação e Variância), podemos identificar as metas mais eficazes para reduzir os esforços. O gráfico Tornado (Figura 1.6) identifica as variáveis (tarefas) que mais impactam no Orçamento e no Cronograma Geral. Este Gráfico mostra as melhores metas para reduzir valores médios/medianos.

Tornado (Cronograma em Semanas)

35,30   35,80   36,30   36,80   37,30   37,80   38,30

Tarefa 8 | Requisitos do Módulo Secundários

Tarefa 9 | Desenvolvimento do Módulo Secundário

Tarefa 4 | Análise Funcional

Tarefa 1 | Análise dos Stakeholders

Tarefa 11 | Especificação Final de Desenvolvimento

Tarefa 10 | Estudios comerciales

Tarefa 2 | Hierarquização das Metas

Tarefa 5 | Requisitos do Módulo Primário

Tarefa 3 | Desenvolvimento de Métricas de Decisão

Tarefa 7 | Análise Funcional do Módulo Secundário

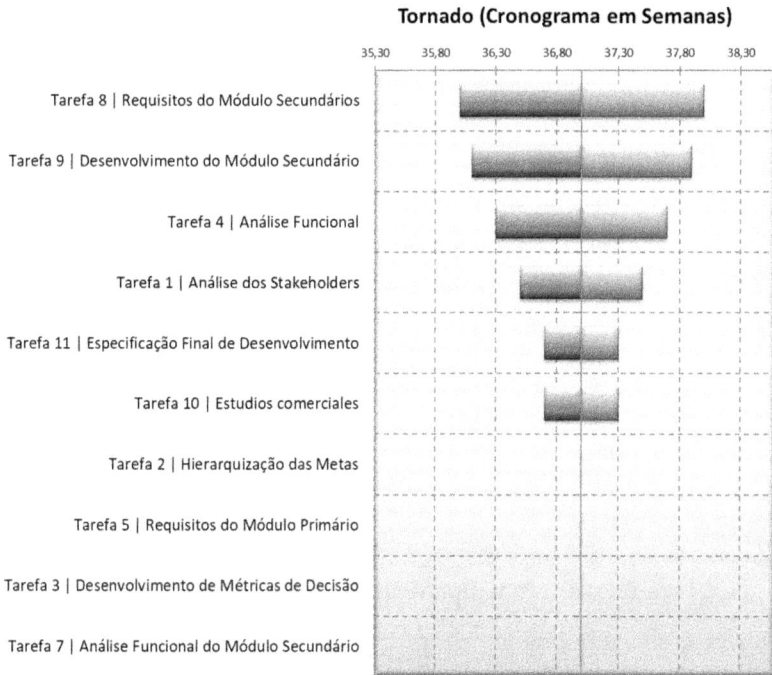

Figura 1.6: Análise Estática Tornado

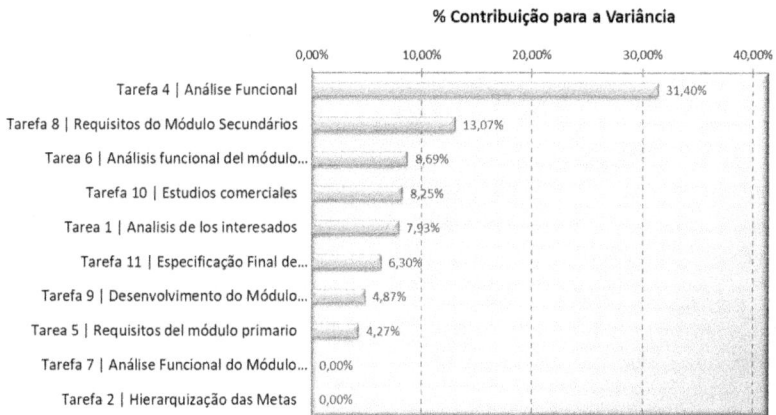

% Contribuição para a Variância

0,00%   10,00%   20,00%   30,00%   40,00%

Tarefa 4 | Análise Funcional — 31,40%

Tarefa 8 | Requisitos do Módulo Secundários — 13,07%

Tarea 6 | Análisis funcional del módulo... — 8,69%

Tarefa 10 | Estudios comerciales — 8,25%

Tarea 1 | Analisis de los interesados — 7,93%

Tarefa 11 | Especificação Final de... — 6,30%

Tarefa 9 | Desenvolvimento do Módulo... — 4,87%

Tarea 5 | Requisitos del módulo primario — 4,27%

Tarefa 7 | Análise Funcional do Módulo... — 0,00%

Tarefa 2 | Hierarquização das Metas — 0,00%

Figura 1.7: Análise Dinâmica de Sensibilidade

No entanto, não podemos abordar a média/mediana sem tratar a variação. A ferramenta análise de sensibilidade mostra quais variáveis (tarefas) contribuem mais para a variação do resultado geral da linha do tempo (ver Figura 1.7). Neste caso, vemos que a variação da *Tarefa 4* é o principal contribuinte para a variação no cronograma geral. Outra observação interessante é que a variação da *Tarefa 6*, tarefa que não está no caminho crítico, também contribui com cerca de 9% para a variação geral.

Neste exemplo, a redução da duração da programação das *Tarefas 4, 8* e *9* geraria a maioria dos dividendos em relação à redução da duração geral do cronograma. Determinar as razões subjacentes para uma variação substancial nas *Tarefas 4, 6* e *8*, provavelmente, daria uma perspectiva melhor sobre esses processos. Por exemplo, a variação da *Tarefa 4* pode ser causada pela falta de pessoal disponível. Ações administrativas podem ser tomadas para alocar pessoal a esse esforço e reduzir substancialmente a variação, o que diminuiria a variação geral e melhoraria a previsibilidade do cronograma. Investigar as razões da variação levará a objetivos onde as ações administrativas serão mais eficazes, muito mais do que simplesmente dizer às equipe para reduzir seu tempo de conclusão de tarefas.

Com o uso do modelo de programação de rede, também podemos experimentar como diferentes estratégias de redução podem funcionar. Por exemplo, tirar um dia das *Tarefas 4, 8* e *9* sob o método tradicional nos faz pensar que ocorreu uma redução de três dias. Se reduzirmos o valor mais provável para as *Tarefas 4, 8* e *9* em um dia e executarmos a simulação de risco Monte Carlo, descobrimos que o valor médio ainda é de 37,91 ou apenas uma redução de 0,7 dias. Esta pequena redução comprova que a variação deve ser abordada.

Se reduzirmos a variação em 50%, mantendo os valores originais mínimos e mais prováveis, mas reduzindo o valor máximo para cada distribuição, então reduzimos a mediana de 38,5 para 37,91, praticamente o mesmo que reduzir os valores mais prováveis. Tomar ambas as medidas (reduzindo os valores mais prováveis e máximos) diminui a mediana para 36,83, o que nos dá 55% de chance de terminá-lo em 37 dias. Esta análise comprova que a redução do valor mais provável e da variação geral é a ação mais eficaz.

Para alcançar 36 dias, devemos continuar trabalhando na lista de tarefas que aparece nos Gráficos de Sensibilidade e Tornado que abordam cada tarefa. Se dermos o mesmo tratamento à *Tarefa 1*, reduzindo seus valores mais prováveis e máximos, então a conclusão pode ser alcançada em 36 dias com uma certeza de 51% e uma certeza de 79,25% de terminá-la em 37 dias. O valor máximo para o cronograma total é reduzido de mais de 42 dias para menos de 40 dias. No entanto, seriam necessários esforços de gestão para atingir 36 dias com 80% de certeza.

Ao gerenciar o cronograma de produção, use os números ideais. Se usarmos os valores mais prováveis ou, pior ainda, os valores máximos, o pessoal de produção não se esforçará para alcançar os números ideais para que implementem uma profecia autorrealizável de rescisão atrasada. Ao orçar, devemos criar o orçamento para o resultado da mediana, mas reconhecendo que no mundo real há incerteza e risco. Ao discutir o cronograma com o cliente, dê-lhe valores iguais a 75% ou 80% do nível de certeza. Na maioria dos casos, os clientes preferem previsibilidade (término de tempo) em vez de uma rescisão potencialmente rápida que inclui riscos significativos.

Finalmente, reconheça que o "pior caso" pode acontecer e, em seguida, criar planos de contingência para proteger sua organização no caso de acontecer. Se o "pior caso" ou o valor máximo for inaceitável, então faça alterações apropriadas no processo para reduzir o valor máximo do resultado, a um nível aceitável.

Conclusão

Com a gestão tradicional do cronograma, há apenas uma resposta para a data de conclusão programada. Cada tarefa recebe uma estimativa de sua duração e é precisa apenas se tudo resultar de acordo com o plano, o que não é provável que aconteça. Com a gestão probabilística do cronograma, milhares de testes são realizados para explorar a gama de possíveis resultados relacionados à duração do cronograma. Cada tarefa na rede recebe uma distribuição de tempo estimada, refletindo com precisão a incerteza de cada tarefa. Correlações podem ser inseridas em um modelo mais preciso de comportamentos da vida real. Rotas críticas e quase críticas são automaticamente contabilizadas e o resultado da distribuição da previsão refletirá com precisão a faixa total de resultados possíveis. Usando análises de Tornado e Sensibilidade, podemos maximizar a eficácia de nossas ações de gestão para controlar as variações do cronograma e, se necessário, reduzir o agendamento geral a altos níveis de certeza.

2

PRÁTICA EM GESTÃO DE PROJETOS COM O PEAT

Como discutido no capítulo anterior, dentro do mundo da gestão de projetos, há principalmente duas importantes fontes de risco: o risco de agendamento e o risco de custos. Em outras palavras, o projeto será pontual e dentro do orçado? Ou haverá um bloqueio no cronograma e alguma ultrapassagem no orçamento e, se assim for, quão ruim eles podem ser? Para ilustrar como o gerenciamento quantitativo de riscos pode ser aplicado a gestão de projetos, usamos o modelo ROV PEAT para modelar essas duas fontes de risco. Os exemplos e ilustrações, a seguir, assumem que o leitor tem o software PEAT instalado (as instruções de instalação estão no final deste livro).

Tarefas em Projeto Sequencial Simples

Para entender melhor, inicie o software PEAT, selecione o módulo *Gerenciamento de Projetos-* módulo de *Risco de Custo e Cronograma* (Figura 2.1) e clique em *Carregar Exemplo*. O software carregará alguns exemplos de projetos. Começamos ilustrando um projeto de rota linear simples na guia *Projeto D* (Figura 2.2). Clique nessa guia para iniciar. Observe que os usuários podem clicar no menu Projetos para *Adicionar* projetos adicionais ou excluir e renomear projetos existentes. O exemplo carregado contém 5 projetos de amostra predefinidos. Neste projeto simples de caminho linear (*Projeto D*), no exemplo há 11 tarefas e cada tarefa será vinculada linearmente às suas tarefas subsequentes (p.ex., a *Tarefa 2*, só pode ser iniciada após a *Tarefa 1*, e assim por diante). Em cada guia de projeto, o usuário tem um conjunto de controles e entradas:

- Rede *Sequencial* versus Rede *Complexa*. O primeiro exemplo que vemos usa um caminho sequencial, o que significa que há uma simples progressão linear das tarefas. No exemplo a seguir, exploraremos o caminho complexo de uma rede onde as tarefas podem ser executadas linearmente e/ou simultaneamente e podem ser recombinadas a qualquer momento.

- *Custos Fixos*. Os custos fixos e suas faixas adequadas para simulação de risco (mínimo, +provável e máximo) são entradas obrigatórias. Esses custos fixos são aqueles que serão realizados independentemente de um atraso no cronograma (o projeto pode ser concluído antecipadamente ou atrasado, mas os custos fixos serão os mesmos, independentemente disso).

- *Cronograma*. Este controle define um cronograma para um período específico (mínimo, provavelmente, máximo) em dias, semanas ou meses. Os usuários primeiro selecionam a recorrência (p.ex., dias, semanas, meses ou nenhuma unidade) da lista de implantação e digitam o cronograma projetado por tarefa. Este cronograma será usado em conjunto com os elementos de custo variável (ver a tabela seguinte) e estará disponível somente se o item *Incluir Análise de Custo Baseada no Cronograma* for selecionado.

- *Custo Variável*. Este é o custo variável que é feito com base no cronograma de cada tarefa. Esse custo variável é por período e será multiplicado pelo número de períodos para obter o custo variável total para cada tarefa. A soma de todos os custos fixos e variáveis para todas as tarefas será, naturalmente, o custo total do projeto (chamado de *Custo Total Calculado*).

- *Suposição de Excedido (folga)*. Este é um percentual de reserva orçamentária que deve ser incluído em cada tarefa. Esta coluna está disponível e só é usada quando você seleciona a caixa de seleção *Incluir Orçamento Excedido e Reservas* Buffer.

Para obter mais detalhes sobre sua funcionalidade e cálculos associados, vá para o Capítulo 6.

- *Probabilidade de Sucesso.* Isso permite que os usuários insiram a probabilidade de sucesso para cada tarefa. Se uma tarefa falhar, todas as tarefas subsequentes serão canceladas, e nenhuma despesa será causada, porque o projeto foi interrompido e suspenso. Esta coluna está disponível e será usada em simulação de risco, somente se a caixa de seleção *Incluir Probabilidades de Sucesso* for selecionada. Para obter mais detalhes sobre sua funcionalidade, consulte o Capítulo 6.

- *Executar* ou *Executar Todos os Projetos.* Esses botões de execução farão os cálculos relevantes com base nas configurações, entradas e também executarão as simulações de risco selecionando a caixa de *Seleção de Simulação de Risco (*da mesma forma se você inserir corretamente os requisitos de configurações de simulação, como tipo de distribuição, número de testes e configurações de valor de sementes). Isso executará o modelo atual do projeto. Se houver a necessidade de executar vários projetos, você pode clicar no botão *Executar Todos os Projetos.* Por padrão, todos os projetos são executados simultaneamente. Se a caixa de seleção *Executar Sequencialmente* for selecionada, a simulação será executada em um projeto por vez.

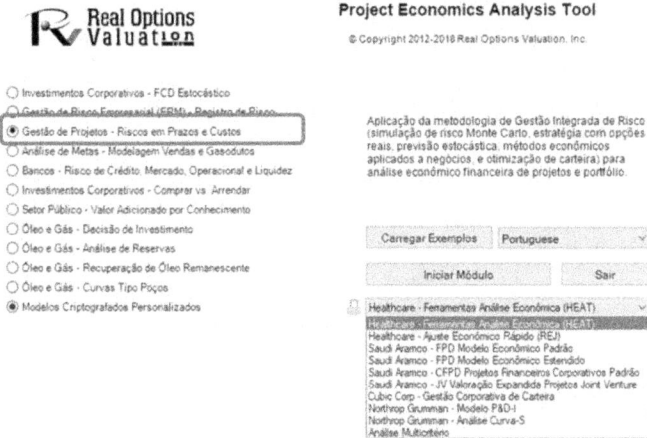

Figura 2.1: PEAT—Módulo de Gestão de Projetos

Análise de Sensibilidade e Simulação de um Projeto com Tarefas Sequenciais

Para saber quais as principais premissas de entrada que impulsionam o custo e o cronograma total, você pode executar a *Análise Aplicada* Tornado (Figura 2.3). A análise aplicada tornado é uma poderosa técnica analítica que captura os impactos estáticos de cada variável no resultado do modelo; ou seja, a ferramenta afeta cada variável, separadamente, por um valor padrão definido na modelagem e captura a flutuação no prognóstico ou resultado final do modelo, e ordena esses resultados de forma decrescente. A Figura 2.3 ilustra a aplicação da Análise Tornado, onde o Custo Esperado do *Projeto D* é selecionado como o resultado-alvo a ser analisado. Os precedentes do resultado do alvo no modelo são usados para criar o gráfico Tornado. Precedentes são todas variáveis de entrada e intermediárias que afetam o resultado do modelo. Por exemplo, se o modelo consiste em A=**B**+C, onde o C=**D**+**E**, então B, D e E, são os precedentes de A (C não é precedente, pois é apenas um valor calculado intermediário). A Figura 2.3 também mostra a faixa de teste de cada variável anterior usada para estimar o resultado-alvo. Se as variáveis anteriores forem entradas simples, então o intervalo de teste será uma simples perturbação com base na faixa escolhida (p.ex., a dispersão igual ±10%). Se for necessário, cada variável anterior pode ser perturbada em diferentes percentagens (consulte a grade de dados no final da interface do usuário). É importante ter uma gama maior, pois você pode testar valores extremos, além de distúrbios menores em torno dos valores esperados. Em algumas circunstâncias, valores extremos podem ter um impacto maior, menor ou desigual (por exemplo, não linearidades podem ocorrer onde economias em escala decrescente ou em crescimento e escopo, buscam valores maiores ou menores de uma variável) e apenas uma faixa mais ampla pode capturar esse impacto não linear.

O modelo pode então executar a simulação de risco Monte Carlo, com base nos valores mínimos, mais prováveis e máximos inseridos acima (Figura 2.2) e os resultados mostrarão as distribuições de probabilidade dos custos finais e do cronograma (Figura 2.4). Por exemplo, os resultados da amostra mostram que, para o *Projeto D*, há uma probabilidade de 95% de que o projeto possa ser concluído com US$398.742. O valor médio ou mais provável esperado foi originalmente de US$377.408 (Figura 2.2). Com a simulação, vemos que se justifica ter uma reserva adicional (*buffer*) de US$21.334 para ter 95% de certeza de que haverá fundos suficientes para concluir o projeto.

Deve-se notar que a tabela de simulação na Figura 2.4 mostra uma distribuição tri-modal, por exemplo, há três agrupamentos e picos no histograma. A razão é porque a probabilidade de sucesso em cada tarefa está configurada no modelo. Para obter mais detalhes sobre como o excesso de custo e a probabilidade de sucesso funcionam nos cálculos, consulte o *Capítulo 6*. Você também pode ver os *Apêndices* para obter mais detalhes sobre a interpretação dos momentos de distribuição, estatísticas da simulação e a formas e características das distribuições[1].

---

[1] Os resultados apresentados foram obtidos por meio do exemplo pré-determinado de 1.000 testes de simulação com valor semente de 123 para todos os *Projetos A* a *D*, e as simulações foram configuradas para rodar todos os projetos simultaneamente. Recomendamos que em projetos da vida real, 1.000-10.000 testes de simulação sejam executados dependendo da complexidade do modelo.

Arquivo(F) Editar(E) Projetos(P) Relatório(R) Ferramentas(T) Idioma(Language) Decimasi(D) Ajuda(H)

Welcome to the ROV Project Economics Analysis Tool (PEAT). This module will help you model your Project Management's Dynamic Risk-Based Schedule and Cost Analysis. It enables you to build your own Complex Task-Based Project Network, model and identify the Critical Path, and apply Monte Carlo Risk Simulation and Sensitivity Analysis to determine the cost and schedule uncertainties.

Gerenciamento de Projetos Análise Aplicada Simulação de Risco Análise de Estratégias Valoração Opções Reais Previsão Painel Central de Instruções

Proyecto A Proyecto B Proyecto C Proyecto D Proyecto E Análise de Portfólio

Selecione o Plano do Projeto & Modelo de Custo de Risco a usar: ◉ Caminho Sequencial ○ Caminho de rede complexa   Nome do Projeto: Livro Analítica Aplicada - Gestão de Projetos - Cap. 2

Plano & Custo

☑ Incluir Análise Custo Baseado em Cronograma ☑ Realizar Simulação de Risco   ☐ Show Predecessors and Successors   [Executar] [Executar Todos Projetos]
☑ Incluir Orçamento Excedido & Buffers ☑ Aplicar Valor Semente: Ensaios de simulação: 1.000   ☑ Atualização Auto ☐ Executar Sequencialmente
☑ Incluir probabilidades de sucesso de cada tarefa e modelo seus impactos   Mostrar 14   Tarefas com Semanalmente ∨   Semanalmente ∨   Triangular ∨

Tarefa	Nome da Tarefa	Custo (Custo Fixo)			Calculado	Cronograma Tempo (Semanas)				Variável	Sobrecarga	Probabilidade	Linked
		Mínimo	Mais Provável	Máximo	Custo	Mínimo	Mais Provável	Máximo	Semanalme...	Suposição	de Sucesso	Eventos
Task 1	Conceituação	1.845	2.783	5.595	5.134	1	1,5	3	1.500	2,00%	95,00%	1
Task 2	Prazo adicional para remodelar o ...	158	908	1.845	1.658	0,1	0,5	1	1.500	0,00%	95,00%	1
Task 3	Inicialização	6.220	9.345	15.595	18.530	2	3	5	2.500	10,00%	93,00%	1
Task 4	Redifinição conceitual	908	1.845	3.720	3.345	0,5	1	2	1.500	0,00%	99,00%	1
Task 5	Modificações no conceito atual	908	1.845	2.783	3.345	0,5	1	1,5	1.500	0,00%	99,00%	1
Task 6	Fase 2 Desenvolvimento	21.845	26.220	34.970	54.303	5	6	8	3.500	15,00%	97,00%	1
Task 7	P&D adicional	1.220	1.845	2.470	3.412	1	1,5	2	1.000	2,00%	97,00%	1
Task 8	Incorporar PI externa	3.095	6.220	6.220	11.444	0,5	1	1	5.000	2,00%	98,00%	1
Task 9	Manufatura	62.470	99.970	124.970	215.964	5	8	10	10.000	20,00%	95,00%	1
Task 10	Reprototipagem	9.970	14.970	19.970	27.509	1	1,5	2	8.000	2,00%	98,00%	1
Task 11	Reformulação e Retrabalho	9.970	14.970	19.970	27.509	1	1,5	2	8.000	2,00%	98,00%	1
Task 12	Pesquisa de Mercado	149.970	187.470	299.970	371.217	4	5	8	30.000	10,00%	90,00%	1
Task 13	Pasquisa de Mercao suplementar	12.470	24.970	37.470	49.467	1	2	3	10.000	10,00%	95,00%	1
Task 14	Reposicionar	24.970	37.470	62.470	74.217	2	3	5	10.000	10,00%	95,00%	1
	Total Projeto	**306.019**	**430.831**	**638.018**	**867.054**	**25**	**36.50**	**54**	**436.223**			

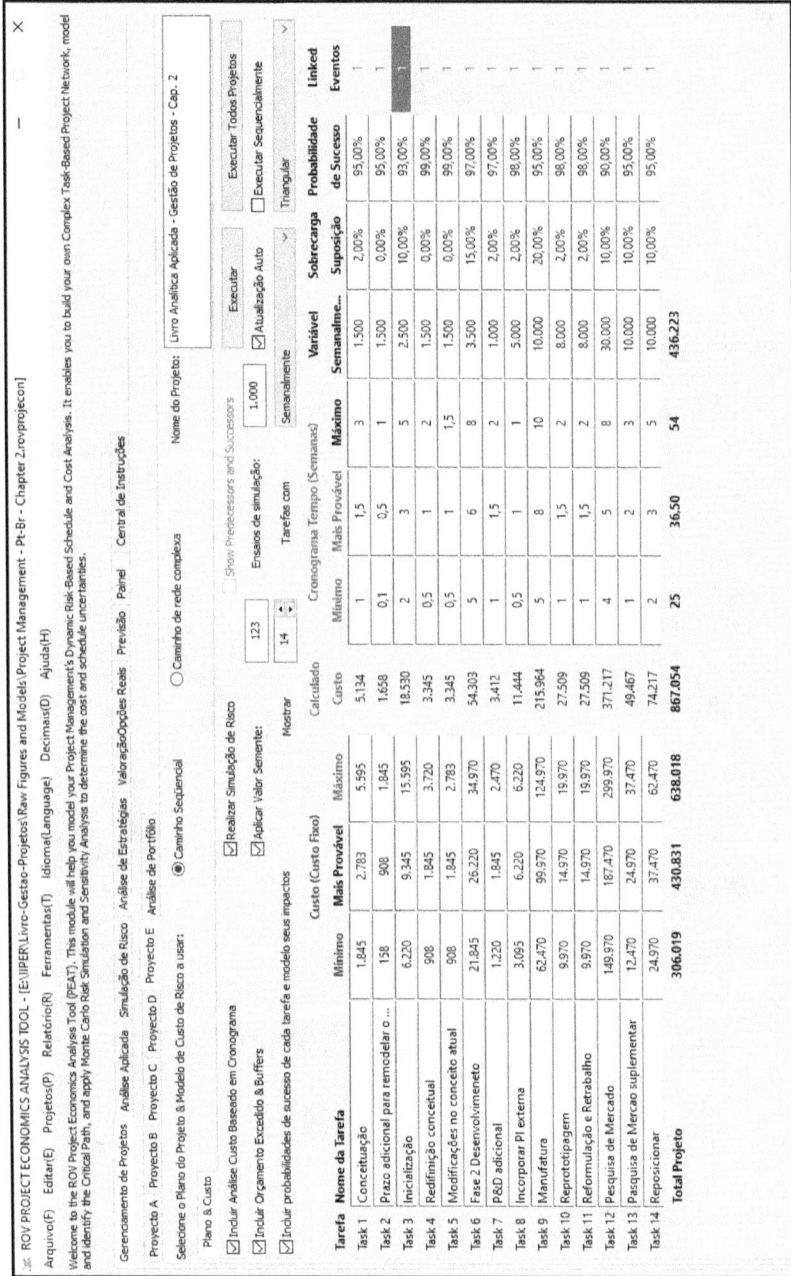

Figura 2.2: Gerenciamento de Projeto de Rota Linear Simples com Riscos nos Custos e Cronograma

ROV PROJECT ECONOMICS ANALYSIS TOOL - [E:\IIPER\Livro-Gestao-Projetos\Raw Figures and Models\Project Management - Pt-Br - Chapter 2.rovprojecon]

Arquivo(F) Editar(E) Projetos(P) Relatório(R) Ferramentas(T) Idioma(Language) Decimais(D) Ajuda(H)

Welcome to the ROV Project Economics Analysis Tool (PEAT). This module will help you model your Project Management's Dynamic Risk-Based Schedule and Cost Analysis. It enables you to build your own Complex Task-Based Project Network, model and identify the Critical Path, and apply Monte Carlo Risk Simulation and Sensitivity Analysis to determine the cost and schedule uncertainties.

Gerenciamento de Projetos Análise Aplicada Simulação de Risco Análise de Estratégias Valoração/Opções Reais Previsão Painel Central de Instruções

Tornado Estático Análise de Cenários

Tornado ou Análise de Sensibilidade Estática é realizada através da variação do valor das entradas de uma quantidade predefinida, uma de cada vez, para determinar o impacto sobre a variável de saída. Comece por selecionar a opção e a variável de saída para teste, em seguida, defina os níveis de sensibilidade e clique em Calcular para executar.

Selecione Projeto e Variável de Saída:

Proj D: Custo Esperado do Projeto

Sensibilidade +/-   10   %   Restabelecer
Mostrar parte Superior   10   variáveis
Mostrar Resultados com   2   decimais

Selecione o tipo da Análise de Sensibilidade:
○ Entradas Únicas Individuais
○ Itens de Linha
● Grupo de Variáveis

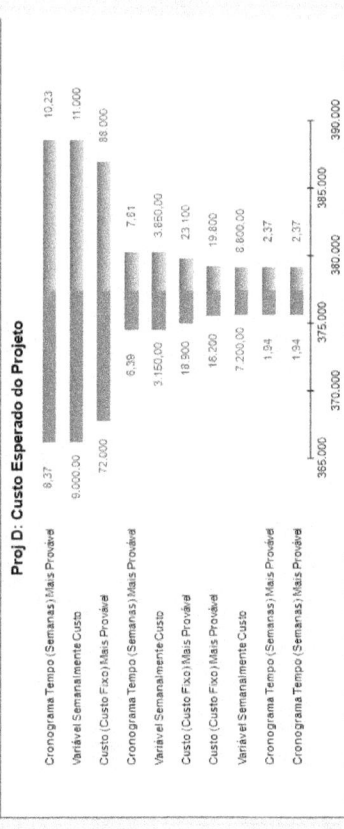

Atualizar   Excel   Copiar Gráfico

O Tornado foi completado.

Proj D: Custo Esperado do Projeto

Cronograma Tempo (Semanas) Mais Provável   8,37   10,23
Variável Semanalmente Custo   9.000,00   11.000
Custo (Custo Fixo) Mais Provável   72.000   88.000
Cronograma Tempo (Semanas) Mais Provável   6,39   7,81
Variável Semanalmente Custo   3.150,00   3.850,00
Custo (Custo Fixo) Mais Provável   18.900   23.100
Cronograma Tempo (Semanas) Mais Provável   16.200   19.800
Variável Semanalmente Custo   7.200,00   8.600,00
Cronograma Tempo (Semanas) Mais Provável   1,94   2,37
Cronograma Tempo (Semanas) Mais Provável   1,94   2,37

385.000   370.000   375.000   380.000   385.000   390.000

Mostrar Resultados com   2 ⊕ decimais

Valor Base: 377.408,00

	Proj D: Custo Esperado do Projeto					Entradas		
Gra...	% Aci...	% Aba...	Entradas	Menor Saída	Maior Saída	Ampl. Sa...	Menor Ent.	Maior Ent.	Valor Ref.
✓	10,00%	10,00%	Task 9 | Manufatura | Cronograma Tempo (Se...	366.248,00	388.568,00	22.320,00	8,37	10,23	9,30
✓	10,00%	10,00%	Task 9 | Manufatura | Variável Semanalmente ...	366.248,00	388.568,00	22.320,00	9.000,00	11.000,00	10.000,00
✓	10,00%	10,00%	Task 9 | Manufatura | Custo (Custo Fixo) Mai...	367.808,00	387.008,00	19.200,00	72.000,00	88.000,00	80.000,00
✓	10,00%	10,00%	Task 6 | Fase 2 Desenvolvimento | Cronogra...	374.550,25	380.265,75	5.715,50	6,39	7,81	7,10
✓	10,00%	10,00%	Task 6 | Fase 2 Desenvolvimento | Variável Se...	374.550,25	380.265,75	5.715,50	3.150,00	3.850,00	3.500,00

Nome: Proj D Cronog

Novo   Modelo
Salvo Como Proj A Custo
            Proj B Caminho Crítico
Editar   Proj D Cronog
Salvar   Proj E Custo Var
Deletar
++

Figura 2.3: Análise de Tornado para uma Rota Linear Simples

ROV PROJECT ECONOMICS ANALYSIS TOOL - [E:\IPER\Livro-Gestao-Projetos\Raw Figures and Models\Project Management - Pt-Br - Chapter 2.rovprojecon] — □ ✕

Arquivo(F) Editar(E) Projetos(P) Relatório(R) Ferramentas(T) Idioma(Language) Decimais(D) Ajuda(H)

Welcome to the ROV Project Economics Analysis Tool (PEAT). This module will help you model your Project Management's Dynamic Risk-Based Schedule and Cost Analysis. It enables you to build your own Complex Task-Based Project Network, model and identify the Critical Path, and apply Monte Carlo Risk Simulation and Sensitivity Analysis to determine the cost and schedule uncertainties.

Gerenciamento de Projetos   Análise Aplicada   Simulação de Risco   Análise de Estratégias   Valoração/Opções Reais   Previsão   Painel   Central de Instruções

Resultados da Simulação   Resultados Sobrepostos   Análise de Alternativas   Sensibilidade Dinâmica

Selecione o Projeto e a Variável de Saída:

Proj D: Project Cost

Bar Type: Bar   Bar Color   Line Index

S-Curve Color   Data Labels   Custom Text Properties

Proj D: Project Cost

Frequência

300,00
250,00
200,00
150,00
100,00
50,00
0,00

4.320,61   87.088,90   169.857,18   252.625,47   336.393,75   418.162,03
Cauda Esq.: 96.00% em 398.742,56

Estatísticas/Percentil	Valor
Cenários	960
Média	280.516,5
Mediana	359.974,2
Desv/Padrao	147.072,4
CV	52,43%
Assimetria	-1,0318
Curtose	-0,7699
Mínimo	4.320,6
Máximo	418.162,0
Intervalo	413.841,4
0%	4.320,6
5%	7.763,7
10%	9.308,5
20%	95.058,2
30%	325.829,5
40%	349.375,1

Nome: Modelo

Novo   Salva Como   Editar   Salvar   Deletar

++   1   Decimais

☑ Ao salvar, inclua dados e resultados simulados (isso pode resultar em uma resposta mais lenta e em um tamanho maior de arquivos)

Abrir   Salvar

Mostrar Linhas Verticais em: PDF Histograma   Atualizar   Calcule e Mostre as linhas em: Cauda Esq. <=

Percentis %:   Percentis: 95,00 %
Valores de Certeza: Confiança: 398.742,56

☐ Mostrar info.   Copiar Gráfico   Mostrar Grade   ☑ Mostrar info.   Extrair dados da Simulação

Figura 2.4: Simulação Monte Carlo dos Resultados de Risco para Valores de Risco de Custo e Cronograma

Em projetos complexos, onde existem rotas não lineares e recombinadas (Figura 2.5), a modelagem e o risco na duração e nos custos são mais difíceis de executar e calcular. Por exemplo, na guia *Projeto A* do exemplo padrão, vemos que após a *Tarefa 1*, as tarefas futuras podem ser executadas em paralelo (*Tarefas 2, 3 e 4*). As *Tarefas 3 e 4* são, então, recombinadas na *Tarefa 8*.

O usuário pode criar modelos de rota tão complexos, simplesmente adicionando tarefas e combinando-as em um mapa visual, como exibido e usando as ferramentas com os ícones de instrução (Figura 2.6). O software criará automaticamente o modelo financeiro analítico (na outra guia do mesmo nível) quando você clicar em *Criar Modelo*. Ou seja, você será redirecionado para a guia *Cronograma* e *Custos,* onde as mesmas configurações que foram vistas anteriormente, para inserir os dados, estarão agora disponíveis, a partir deste modelo complexo (Figura 2.7). Para executar os cálculos, as conexões matemáticas complexas serão criadas automaticamente nos bastidores, de modo que o usuário só precisa executar tarefas muito simples de traçar conexões complexas de caminho de rede. Aqui estão algumas dicas para você começar:

- Comece adicionando um novo projeto, se necessário, no menu *Projetos.* Em seguida, clique na seleção *Caminho de Rede Complexa* para acessar a guia *Diagrama de Rede.*

- Use os ícones como suporte para desenhar seu caminho de rede. Passe o mouse sobre os ícones para ver suas descrições (Figura 2.6). Você pode iniciar clicando no terceiro ícone *Criar uma Nova Tarefa* e, em seguida, clique em qualquer lugar na tela de desenho para inserir essa tarefa.

- Com uma tarefa já verificada e selecionada, toque no quarto ícone para *Adicionar uma Subtarefa.* Isso criará automaticamente a próxima tarefa contígua e o próximo número de tarefa. Você pode mover esta tarefa recém-inserida para sua nova posição. Proceda com esse processo conforme necessário, para criar seu diagrama de rede. Você pode criar várias subtarefas, a partir de uma tarefa única existente, se forem ocorrer tarefas simultâneas. Basta arrastar a caixa de tarefas recém-criada para o local desejado.

- Clique duas vezes em qualquer nó de tarefa para alterar suas propriedades, como adicionar um *Nome* de tarefa, criar um *link* dessa tarefa a outro *Projeto* ou alterar sua cor.

- Uma vez que o diagrama da rede esteja concluído, clique em *Criar Modelo* para gerar os algoritmos computacionais com os quais você pode inserir os dados necessários na guia *Linha do tempo* e *custos,* conforme descrito acima.

- Os ícones da barra de tarefas na Figura 2.6 serão úteis quando você estiver criando seu próprio diagrama complexo personalizado.

- O ícone *Criar um Novo Modelo de Rede* limpará o diagrama existente e permitirá que você comece do zero.

- O ícone *Editar Modelo Existente* é o mesmo que o botão direito do mouse *Editar Modelo*. Permite que você desbloqueie um modelo existente para fazer modificações. **Quando terminar, não deixe de clicar em *Salvar Alterações*** para que eles se atualizem assim como os *links* e algorítmicos entre tarefas (isso também atualizará os cálculos na guia *Plano e Custo).*

- O ícone *Adicionar uma Nova Tarefa* adicionará a primeira tarefa (*Tarefa 1*) na área de tela.

- O ícone *Adicionar uma Nova Tarefa Conectada* adicionará uma nova tarefa subsequente e o *link* dependerá de qual tarefa você selecionou preliminarmente, antes de clicar no ícone. Observe que este ícone não funcionará a menos que um nó de tarefa existente seja selecionado.

- Os ícones *Vincular* e *Excluir link* são usados quando você deseja adicionar ou remover *links* entre nós de tarefa. Você pode recombinar diferentes tarefas ou mesclar tarefas clicando em uma delas e, em seguida, pressionando a tecla de controle (*Crtl*) e clicando na segunda tarefa que deseja participar e, em seguida, clicando no ícone *Link de Tarefas* e, em seguida, montando-as. Da mesma forma, você pode tocar no sexto ícone para *Remover Link* entre quaisquer duas tarefas.

- O ícone *Inserir Texto* ou *Caixa de Notas* inserirá uma caixa de texto dependendo de onde a tela é clicada. Você pode ajustar a caixa de texto e clicar duas vezes na caixa para inserir seu próprio texto personalizado. Essas caixas de texto são úteis porque são usadas para fornecer informações adicionais ao modelo visual.

- Os ícones *Desfazer* e *Refazer* simplesmente desfazem e refazem o último comando ou função.

- Os ícones *Zoom In* e *Zoom Out* permitem alterar o tamanho no diagrama complexo que você criou para uma melhor visualização.

- O ícone *Alterar o Nome da Tarefa* alterará o local onde o texto de um determinado nó de tarefa selecionado aparecerá. Este ícone alternará entre os quatro possíveis locais de texto em torno de um nó de tarefa.

- O ícone *Localização de Conexão da Linha* alternará entre quatro possíveis locais onde a linha de conexão de entrada pode ser localizada. Às vezes, dependendo do modelo criado, este local de alteração de *link* pode não fornecer opções adicionais além do único local que existe atualmente.

- O ícone *Configurações de Fonte* exibirá as configurações de fonte padrão para você escolher, mas somente se você primeiro selecionar o nó de tarefa necessário. As configurações da fonte são específicas para cada nó de tarefa.

- O ícone *Redimensionar Background* (área de desenho) permite que você redimensione a tela para criar seu modelo complexo. O tamanho padrão é de 1361 × 624 pixels.

- O ícone *Inserir Nó Intermediário* permite inserir um nó de tarefa flutuante e numerar entre a tarefa de inicialização e a última tarefa que existe atualmente. Em seguida, ele mudará adequadamente todos os números de tarefas subsequentes. Por exemplo, se o modelo tiver *Tarefas 1-5* configuradas, agora você pode inserir uma tarefa intermediária *Tarefa 3*, e as *Tarefas 3, 4* e *5* existentes serão renumeradas para as *Tarefas 4, 5* e *6*. Você pode selecionar duas tarefas pressionando a tecla *Crtl* e clicar no quinto ícone para ligar as tarefas selecionadas. Deve-se notar que pode exigir a exclusão manual de qualquer um dos *links* incorretos que ainda existam, na medida em que você adicione uma nova tarefa intermediária. Da mesma forma, quaisquer *links* de tarefa que forem detectados automaticamente como inválidos serão removidos.

- O ícone *Excluir Nó Intermediário* permite excluir qualquer nó intermediário existente. Basta selecionar o nó de tarefa que deseja excluir e clicar neste ícone para excluir o nó.

- O ícone *Renumeração de Nó Intermediário* é usado para renumerar um nó de tarefa selecionado. Observe que as tarefas vinculadas incorretamente agora terão seus links excluídos automaticamente. Além disso, ao renumerar nós, você pode precisar adicionar ou remover manualmente *links* entre nós intermediários, conforme exigido pelo seu modelo.

- O ícone *Auto Renumerar Todos os Nós* renumerará automaticamente todos os nós de tarefa ao mesmo tempo após adicionar ou excluir nós intermediários. Esta função renumerará os nódulos consecutivamente, evitando qualquer falta de valores inteiros intermediários.

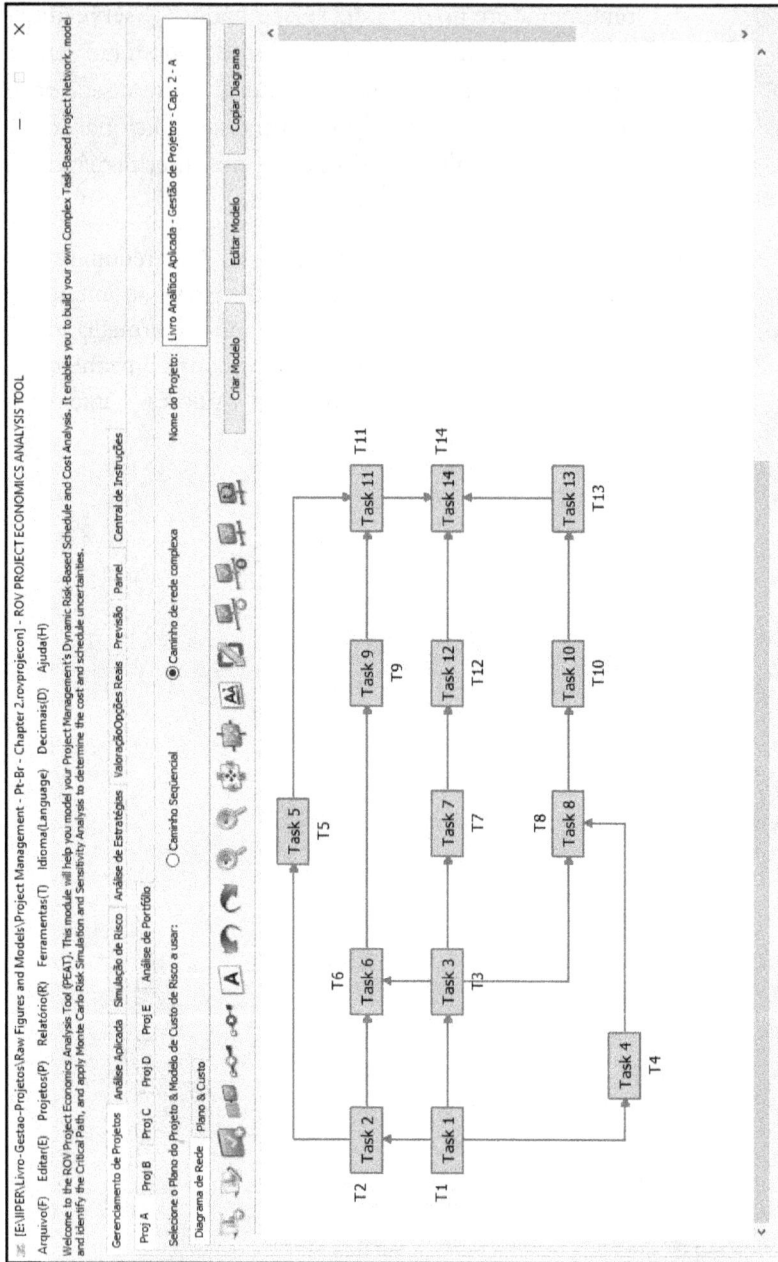

Figura 2.5: Gestão de Projetos de Rota Complexa

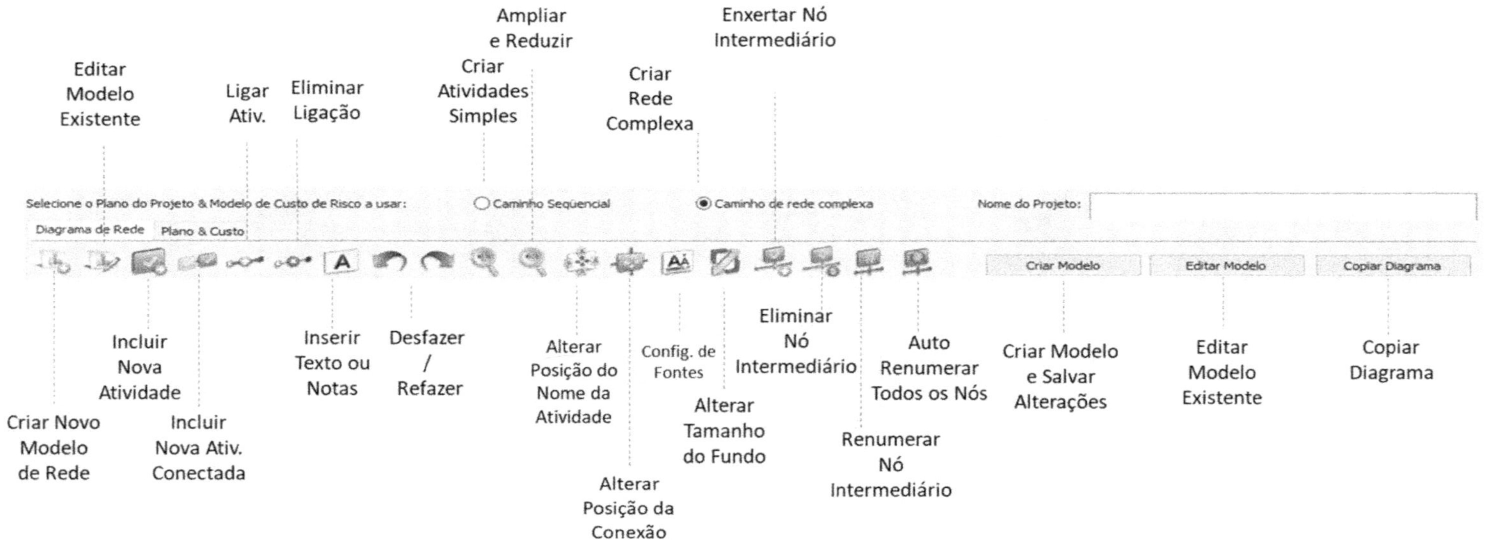

Figura 2.6: Descrição dos Ícones da Janela de Desenho de Rede

Arquivo(F) Editar(E) Projetos(P) Relatório(R) Ferramentas(T) Idioma(Language) Decimais(D) Ajuda(H)

Welcome to the ROV Project Economics Analysis Tool (PEAT). This module will help you model your Project Management's Dynamic Risk-Based Schedule and Cost Analysis. It enables you to build your own Complex Task-Based Project Network, model and identify the Critical Path, and apply Monte Carlo Risk Simulation and Sensitivity Analysis to determine the cost and schedule uncertainties.

Gerenciamento de Projetos   Análise Aplicada   Simulação de Risco   Análise de Estratégias   Valoração\Opções Reais   Previsão   Painel   Central de Instruções

Proj A   Proj B   Proj C   Proj D   Proj E   Análise de Portfólio

Selecione o Plano do Projeto & Modelo de Custo de Risco a usar: ○ Caminho Sequencial   ● Caminho de rede complexa   Nome do Projeto: Livro Analítica Aplicada - Gestão de Projetos - Cap. 2 - A

Diagrama de Rede   Plano & Custo

☑ Incluir Análise Custo Baseado em Cronograma   ☑ Realizar Simulação de Risco   ☐ Show Predecessors and Successors

☐ Incluir Orçamento Excedido & Buffers   ☑ Aplicar Valor Semente: 123   Ensaios de simulação: 1.000   Executar   Executar Todos Projetos

☐ Incluir probabilidades de sucesso de cada tarefa e modelo seus impactos   Mostrar 14   Tarefas com   1.000   Semanalmente ▾   ☑ Atualização Auto   ☐ Executar Sequencialmente

| | | Custo (Custo Fixo) | | | Calculado | Cronograma Tempo (Semanas) | | | Variável |
Tarefa	Nome da Tarefa	Mínimo	Mais Provável	Máximo	Custo	Mínimo	Mais Provável	Máximo	Semanalmente Cust
Task 1	T1	34	39	47	800	34	39	47	19,5
Task 2	T2	17	32	37	544	17	32	37	16
Task 3	T3	21	41	48	882	21	41	48	20,5
Task 4	T4	24	27	36	392	24	27	36	13,5
Task 5	T5	25	32	34	544	25	32	34	16
Task 6	T6	29	35	46	648	29	35	46	17,5
Task 7	T7	31	37	37	722	31	37	37	18,5
Task 8	T8	14	20	24	220	14	20	24	10
Task 9	T9	24	38	39	950	30	48	55	19
Task 10	T10	24	38	40	760	24	38	40	19
Task 11	T11	9	12	16	84	9	12	16	6
Task 12	T12	30	31	45	512	30	31	45	15,5
Task 13	T13	40	42	61	924	40	42	48	21
Task 14	T14	16	17	22	162	16	17	22	8,5
Total Projeto		**338**	**441**	**532**	**8.141**	**149**	**197,00**	**229**	**7.700**

Caminho Crítico 1, 3, 8, 10, 13-14   56.50%

Caminho Crítico 1, 3, 6, 9, 11, 14   30.10%

Caminho Crítico 1, 4, 8, 10, 13-14   7.20%

Figura 2.7: Modelo simulado e Custos de Duração em Projeto Complexo com Caminho Crítico

Modelos de Caminho Crítico (CPM's) em Projetos com Tarefas Complexas

Após a execução do modelo complexo, o mapa de rede mostra o caminho crítico do projeto em destaque (Figura 2.8), ou seja, o caminho que tem maior potencial para gargalos e atrasos, para se concluir o projeto dentro do programado. As especificações exatas da rota e as probabilidades de estar na rota crítica são mostradas na Figura 2.7 (p.ex., há 56,30% de chance de que a rota crítica esteja ao longo das *Tarefas 1, 3, 8, 10, 13, 14*).

Se houver vários projetos ou implementações de rotas em projetos potenciais, a visão do portfólio (Figura 2.9) compara todos os projetos e caminhos de implantação para que o usuário tome uma decisão melhor e seja baseado em riscos. Distribuições simuladas também podem se sobrepor (Figura 2.10) para fins comparativos.

A Figura 2.9 permite que os usuários visualizem todos os projetos modelados. Cada projeto modelado pode ser projetos diferentes ou o mesmo projeto, modelado em diferentes premissas e opções de implantação (p.ex., diferentes maneiras de executar o projeto), para ver qual opção de projeto ou trilha faz mais sentido em termos de riscos de custo e cronograma.

A *Análise Alternativa Selecionada* permite que os usuários visualizem cada projeto de forma independente (em comparação com a Análise *Incremental,* onde um dos projetos é selecionado como o caso base e todos os outros resultados do projeto mostram suas diferenças em relação ao caso base) em termos de custos e cronograma: valores de estimativa de ponto único, médias simuladas, as probabilidades de que cada projeto terá custos ou atrasos no cronograma e o 90º percentil do valor do custo e do cronograma. É claro que você pode obter uma análise mais detalhada na guia *Simulação de Risco | Resultados de Simulação,* onde os usuários podem visualizar todas as estatísticas de simulação e selecionar valores de confiança e percentis para exibir. Esta guia *Análise de Portfólio* também traça valores simulados de custo e cronograma usando gráficos de bolhas e barras que fornecem uma representação visual dos principais resultados.

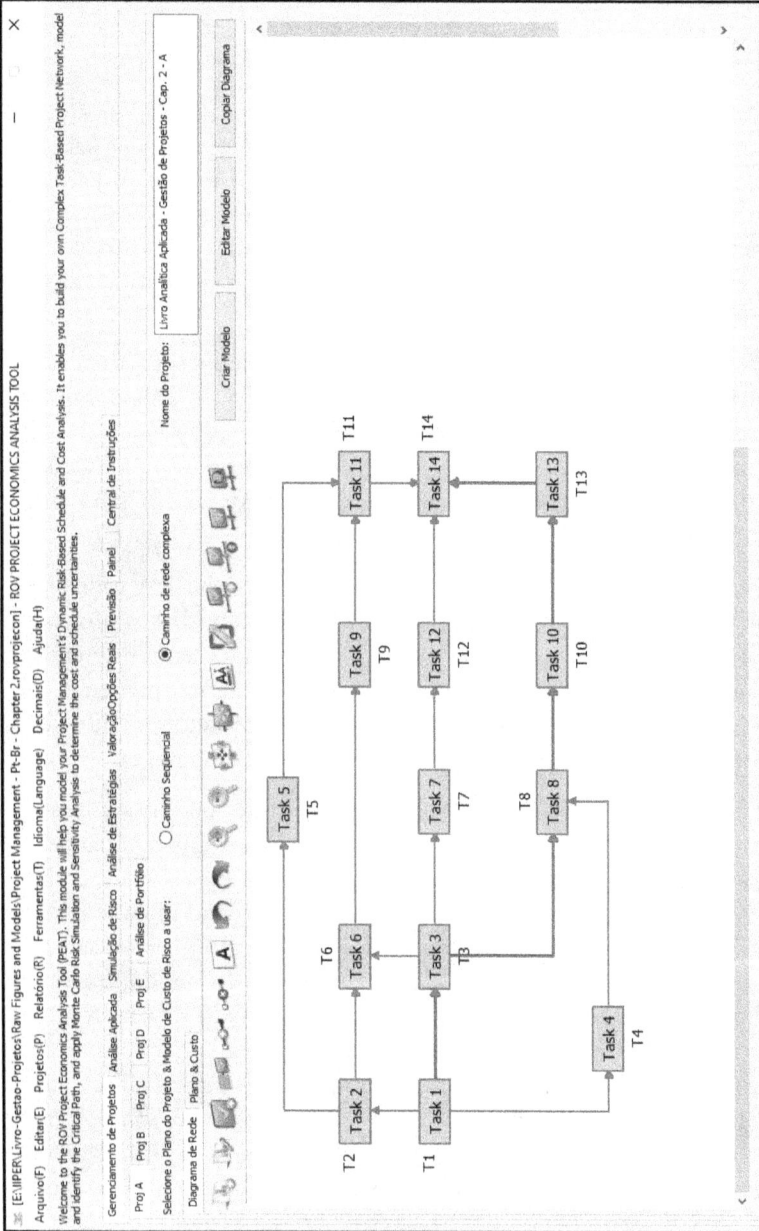

Figura 2.8: Caminho Crítico em uma Rede Complexa

ROV PROJECT ECONOMICS ANALYSIS TOOL - [E:\IPER\Livro-Gestao-Projetos\Projetos\Raw Figures and Models\Project Management - Pt-Br - Chapter 2.rovprojecon]

Arquivo(F) Editar(E) Projetos(P) Relatório(R) Ferramentas(T) Idioma(Language) Decimais(D) Ajuda(H)

Welcome to the ROV Project Economics Analysis Tool (PEAT). This module will help you model your Project Management's Dynamic Risk-Based Schedule and Cost Analysis. It enables you to build your own Complex Task-Based Project Network, model and identify the Critical Path, and apply Monte Carlo Risk Simulation and Sensitivity Analysis to determine the cost and schedule uncertainties.

Gerenciamento de Projetos   Análise Aplicada   Simulação de Risco   Análise de Estratégias   Valoração Opções Reais   Previsão   Painel   Central de Instruções

Proj A   Proj B   Proj C   Proj D   Proj E   Análise de Portfólio

Resultados Econômicos

	Proj A	Proj B	Proj C	Proj D	Proj E
Custo Esperado do Projeto	8.141	6.298	8.921	377.408	867.054
Cronograma Esperado do Projeto	197,00*	130,00*	408,00*	34,65	36,50
Custo Médio do Projeto Simulado	7.970	6.320	10.107	280.517	641.316
Cronograma Médio do Projeto Simulado	194,17*	129,95*	462,01*	35,41	38,17
Custo Esperado Provável Excederá	22,20%	59,31%	98,83%	27,32%	49,60%
Cronograma Esperado Provável Excederá	36,05%*	46,24%*	97,76%*	66,70%	80,25%
90,00% Custo em Percentil	8.237	6.439	10.844	392.453	968.261
90,00% Cronograma em Percentil	203,67*	131,89*	496,44*	37,60	40,79

*com base no caminho de duração máxima para diagrama de rede complexa

Análise de Alternativas (sem Caso Base)
Análise Incremental (escolha um Caso Base)
Executar sequencialmente
Executar Todos Projetos
90,00%

Custo Esperado do Projeto
Cronograma Esperado do Projeto
Gráficos...

Custo Esperado Provável Excederá
Visão do Portfólio de Investimento
Copiar Gráfico

90,00% Cronograma em Percentil
Percentil 90,00% de Cronograma
Gráficos...

90,00% Cronograma em Percentil   2D Barra
Copiar Gráfico

Visão do Portfólio de Investimento

Percentil 90,00% de Cronograma

Figura 2.9: Visão Simultânea de Portifólio de Múltiplos Projetos

Comparando e Sobrepondo
Resultados Simulados

A guia (*nível2*) *Resultados Sobrepostos* na Figura 2.10 mostra diversos histogramas resultantes da simulação, com Custos e Cronograma de vários *Projetos,* de forma sobreposta, para ver seus *spreads* relativos, localização e assimetria.

Claramente vemos que o *Projeto E*, à direita, tem um custo de final muito maior do que o da esquerda. O projeto à direita também tem um nível de incerteza ligeiramente maior em termos de custos. Nos Apêndices, você aprenderá mais sobre a interpretação dessas tabelas PDF e CDF, bem como, como tomar decisões tendo mais informações usando seus resultados.

Por fim, a Figura 2.11 mostra uma comparação de *Análise Alternativa* dos resultados simulados do projeto. Enquanto a Figura 2.9 mostra o valor esperado dos custos do projeto e do cronograma (estimativas não simuladas, estáticas e de ponto único), a Figura 2.11 mostra os resultados simulados.

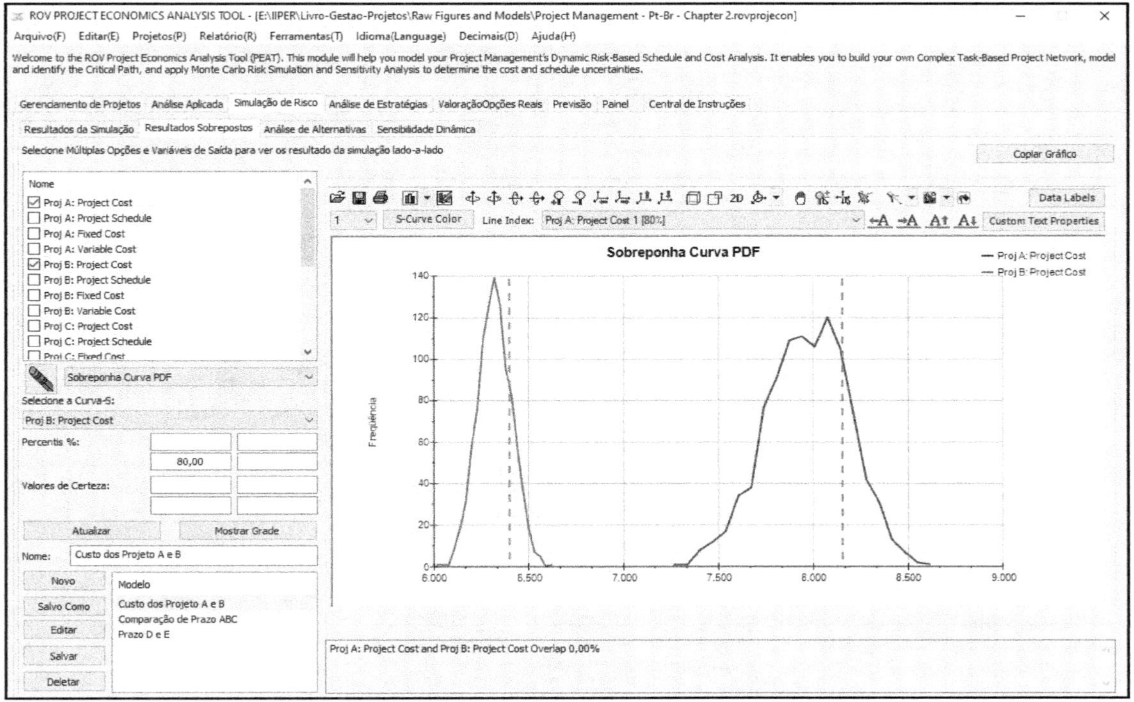

Figura 2.10: Gráficos Sobrepostos Múltiplos Projetos- Custos ou Prazos

ROV PROJECT ECONOMICS ANALYSIS TOOL - [E:\IIPER\Livro-Gestao-Projetos\Raw Figures and Models\Project Management - Pt-Br - Chapter 2.rovprojecon]

Arquivo(F) Editar(E) Projetos(P) Relatório(R) Ferramentas(T) Idioma(Language) Decimais(D) Ajuda(H)

Welcome to the ROV Project Economic Analysis Tool (PEAT). This module will help you model your Project Management's Dynamic Risk-Based Schedule and Cost Analysis. It enables you to build your own Complex Task-Based Project Network, model and identify the Critical Path, and apply Monte Carlo Risk Simulation and Sensitivity Analysis to determine the cost and schedule uncertainties.

Gerenciamento de Projetos   Análise Aplicada   Simulação de Risco   Análise de Estratégias   Valoração\Opções Reais   Previsão   Painel   Central de Instruções

Resultados da Simulação   Resultados Sobrepostos   Análise de Alternativas   Sensibilidade Dinâmica

Você pode comparar os resultados simulados de todas as suas Opções/Projetos. Primeiro a simulação deve ser executada, antes que possa comparar todas as Opções (análise de alternativas) ou contra uma referência (Análise Incremental).

ANÁLISES DE ALTERNATIVAS E ANÁLISES INCREMENTAIS SOBRE CASO REFERÊNCIA

◉ Análise de Alternativas(sem Caso Base)   ○ Análise Incremental(Escolha um Caso Base)

Resultados   Project Cost

OPÇÕES	Proj A	Proj B	Proj C	Proj D	Proj E
Média	7.969,80	6.319,84	10.106,84	280.516,52	641.316,48
Mediana	7.975,76	6.318,77	10.088,57	359.974,17	865.503,78
Dev.Padrao	217,63	89,86	549,42	147.072,38	378.791,00
Variância	47.316,04	8.067,15	301.564,86	2,16E-010	1,43E-011
CV	2,73%	1,42%	5,44%	52,43%	59,06%
Assimetria	-0,1588	0,0228	0,1576	-1,0318	-0,7408
Curtose	-0,1503	-0,1117	-0,0871	-4,7659	-1,2222
Mínimo	7.267,61	6.017,59	8.344,81	4.320,61	4.657,65
Máximo	8.615,23	6.619,47	11.883,02	418.162,03	1.071.281,34
Intervalo	1.347,62	601,88	3.538,21	413.841,42	1.066.623,69
0% Percentil	7.267,61	6.017,59	8.344,81	4.320,61	4.657,65
5% Percentil	7.599,83	6.176,38	9.236,02	7.763,70	6.684,12
10% Percentil	7.694,77	6.204,64	9.448,04	9.308,51	8.854,74
20% Percentil	7.783,07	6.245,29	9.638,67	95.058,24	101.378,61
30% Percentil	7.858,54	6.271,69	9.784,60	325.829,51	365.619,43
40% Percentil	7.914,68	6.296,88	9.915,63	349.375,05	821.576,92
50% Percentil	7.975,76	6.318,77	10.088,57	359.974,17	865.503,78
60% Percentil	8.038,75	6.341,98	10.237,34	368.158,21	892.746,63
70% Percentil	8.098,10	6.364,55	10.401,58	375.032,36	917.246,92
80% Percentil	8.153,74	6.397,14	10.579,60	383.463,98	941.854,82
90% Percentil	8.236,72	6.438,60	10.844,00	392.453,01	968.261,01
95% Percentil	8.315,28	6.468,86	11.038,94	398.742,36	990.946,42
100% Percentil	8.615,23	6.619,47	11.883,02	418.162,03	1.071.281,34

Proj A   2 ⬦ Decimais

Project Cost (Options)

2D Barra   Copiar Gráfico

Figura 2.11: Análise de Alternativas

CÁLCULOS DE RISCO EM CUSTOS E PRAZOS

Neste capítulo vemos o modelo complexo de tarefa e seus cálculos manuais, para determinar riscos de custos e prazos. O modelo ilustrado na Figura 3.1 é um modelo de rede complexa para o projeto que aparece com todas as 24 tarefas (*Task*). A rede é representada pelo *design Activity-in-Node*. Os nódulos na rede correspondem a cada tarefa de projeto que aparece no gráfico. As setas no gráfico indicam as relações anteriores entre tarefas. Você pode desenvolver um modelo de cronograma atribuindo uma suposição de entrada para cada tarefa, o que representa a probabilidade de completar a tarefa dada em uma duração específica. Normalmente, uma distribuição Triangular é atribuída a cada atividade usando três parâmetros: 1) o tempo mínimo para completar uma atividade, 2) o tempo mais provável para completar uma atividade, e 3) o tempo máximo esperado para completar uma atividade. Posteriormente, deve-se determinar o início, o fim e quaisquer pontos de fusão de rede. Os pontos de fusão são aqueles onde diferentes rotas convergem. Na ilustração, as *Tarefas 12* e *18* são pontos de fusão. O início e o fim podem ser considerados como pontos de pseudo mesclagem.

Em seguida, você criará as fórmulas para calcular as durações de várias rotas entre pontos de fusão e manterá o caminho de duração (máxima) mais longo como a duração subtotal para essa parte da rede.

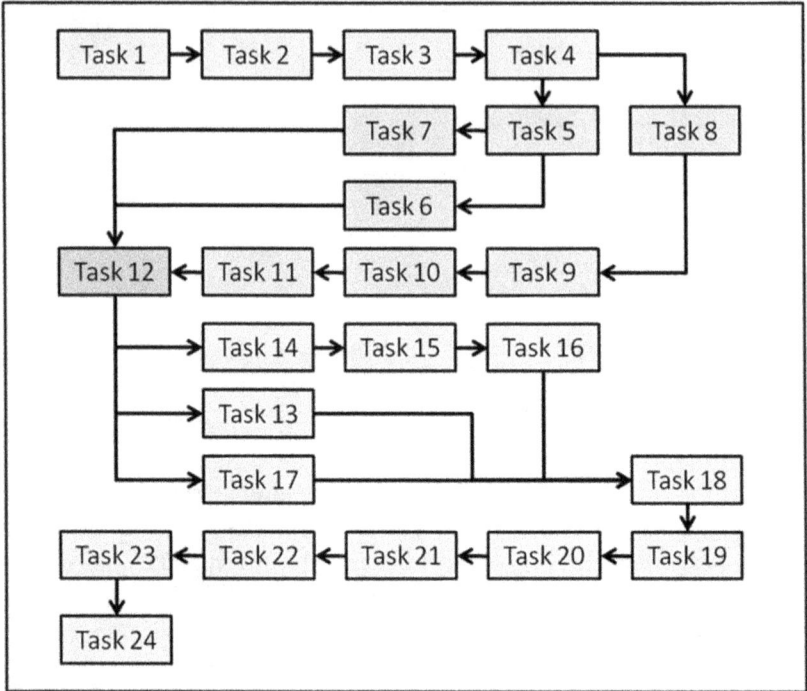

Figura 3.1: Amostra do modelo de rede complexa de tarefas

Risco de Prazo

A Figura 3.2 mostra um exemplo de entradas de prazos com duração em dias. Para ilustrar os cálculos passo-a-passo, vamos usar uma planilha do Excel.

O primeiro subtotal adiciona as durações para tarefas 1 a 4 (*Tarefas 1-4*). O subtotal a seguir é a duração máxima das rotas *Tarefas 5* e *6*, *Tarefas 5* e *7* e *Tarefas 8-11*. O terceiro subtotal é a duração da *Tarefa 12*. O quarto subtotal é a duração máxima das *Tarefas 13, 14-16* e *17*. O último subtotal adiciona a duração das tarefas restantes (*Tarefas 18-24*). A soma dos subtotais é a previsão para a programação completa. Quando você executar o modelo, você terá a previsão de toda a gama de durações possíveis para todo o projeto.

	A	B	C	D	E	F
1		Duração				
2		Tarefa	Mínimo	+ Provável	Máximo	Simulação
3		T1	2	5	10	5,00
4		T2	5	10	15	10,00
5		T3	30	45	90	45,00
6		T4	5	10	15	10,00
7		T5	30	45	90	45,00
8		T6	5	10	15	10,00
9		T7	15	25	60	25,00
10		T8	10	20	60	20,00
11		T9	5	15	30	15,00
12		T10	5	10	15	10,00
13		T11	15	25	45	25,00
14		T12	15	20	30	20,00
15		T13	20	30	45	30,00
16		T14	30	45	60	45,00
17		T15	15	30	45	30,00
18		T16	5	10	20	10,00
19		T17	10	15	25	15,00
20		T18	15	30	60	30,00
21		T19	10	15	30	15,00
22		T20	15	30	60	30,00
23		T21	5	10	15	10,00
24		T22	30	60	90	60,00
25		T23	5	10	15	10,00
26		T24	5	8	12	8,00

Figura 3.2: Amostra de entradas da linha do tempo

Subtotais	Valor	Fórmulas (Excel)	Descripción
Subtotal1 =	70	=SOMA(F3:F6)	Soma da duração das Tarefas 1-4
Subtotal2 =	70	=MÁXIMO(SOMA(F7:F8);SOMA(F7,F9); SOMA(F10:F13))	Duração Máxima das (Tarefas 5 e 6, Tarefas 5 e 7, Tarefas 8-11)
Subtotal3 =	20	=F14	Duração da Tarefa 12
Subtotal4 =	85	=MÁXIMO(F15;SOMA(F16:F18);F19)	Máxima duração de (Tarefa 13, Tarefas 14-16, Tarefa 17)
Subtotal5 =	163	SOMA(F20:F26)	Soma da duração das Tarefas 18-24
Total	408	=SOMA(I3:I7) Previsão Duração para a Rede	

Risco de Custo

A Figura 3.3 mostra algumas entradas para custos fixos e variáveis.

- Custo Fixo - **36,0**
    - $1,5 + 1,5 + ... + 1,5 = \mathbf{36,0}$
- Custo Variável - Custo Unitário × Duração simulada do cronograma
    - $0,2 \times 5 + 0,2 \times 10 + ... + 0,2 \times 8 = \mathbf{106,6}$
- Custo Total - Custo Fixo + Custo Variável
    - $36,0 + 106,6 = \mathbf{142,6}$

A	B	C	D	E	F	G	H	I
28								
29		Custos Fixos (CF)					Custos Variáveis (CV)	
30	Tarefa	Mínimo	+ Provável	Máximo	Simulação		Custo Unitário	Total Custos Variáveis
31	T1	$1,0	$1,5	$3,0	1,50		$0,2	$1,0
32	T2	$1,0	$1,5	$3,0	1,50		$0,2	$2,0
33	T3	$1,0	$1,5	$3,0	1,50		$0,2	$9,0
34	T4	$1,0	$1,5	$3,0	1,50		$0,2	$2,0
35	T5	$1,0	$1,5	$3,0	1,50		$0,2	$9,0
36	T6	$1,0	$1,5	$3,0	1,50		$0,2	$2,0
37	T7	$1,0	$1,5	$3,0	1,50		$0,2	$5,0
38	T8	$1,0	$1,5	$3,0	1,50		$0,2	$4,0
39	T9	$1,0	$1,5	$3,0	1,50		$0,2	$3,0
40	T10	$1,0	$1,5	$3,0	1,50		$0,2	$2,0
41	T11	$1,0	$1,5	$3,0	1,50		$0,2	$5,0
42	T12	$1,0	$1,5	$3,0	1,50		$0,2	$4,0
43	T13	$1,0	$1,5	$3,0	1,50		$0,2	$6,0
44	T14	$1,0	$1,5	$3,0	1,50		$0,2	$9,0
45	T15	$1,0	$1,5	$3,0	1,50		$0,2	$6,0
46	T16	$1,0	$1,5	$3,0	1,50		$0,2	$2,0
47	T17	$1,0	$1,5	$3,0	1,50		$0,2	$3,0
48	T18	$1,0	$1,5	$3,0	1,50		$0,2	$6,0
49	T19	$1,0	$1,5	$3,0	1,50		$0,2	$3,0
50	T20	$1,0	$1,5	$3,0	1,50		$0,2	$6,0
51	T21	$1,0	$1,5	$3,0	1,50		$0,2	$2,0
52	T22	$1,0	$1,5	$3,0	1,50		$0,2	$12,0
53	T23	$1,0	$1,5	$3,0	1,50		$0,2	$2,0
54	T24	$1,0	$1,5	$3,0	1,50		$0,2	$1,6
55								
56	Total CF	$24,0	$36,0	$72,0			Total CV	$106,6
57							Total Custos	$142,6

Figura 3.3: Amostra de Entrada de Custo

Utilizando o PEAT para Modelar
Riscos de Custo e Prazo

Utilizando o módulo de Gerenciamento de Projetos do PEAT, replicamos o modelo complexo na Figura 3.1, conforme mostrado na Figura 3.4. A mesma abordagem foi usada para criar o modelo mencionado anteriormente no Capítulo 2. Posteriormente, as premissas de entrada mostradas nos Figura 3.2 e 3.3 foram inseridas em PEAT (Figura 3.5 e 3.6).

A simulação de risco de Monte Carlo foi executada, e as probabilidades dos Caminhos Críticos podem ser vistas na Figura 3.6 na parte inferior da tela. Há apenas dois caminhos críticos prováveis, 1-5, 7, 12, 14-16, 18-24, e 1-4, 8-12, 14-16, 18-24. Isso indica que os dois caminhos críticos são muito semelhantes, exceto para as *Tarefas 5, 7* e *12* contra *8-12*. Mais tarde, vemos na Figura 3.6 que o cronograma total mais provável é de 408 semanas, e os custos fixos totais são de US$24, US$36, US$72, com o custo total sendo US$143. Estes são os resultados exatos de nossos cálculos manuais nas Figuras 3.2 e 3.3.

A Figura 3.7 mostra o principal caminho crítico (que tem maior probabilidade de ocorrência), e a Figura 3,8 exibe o cronograma simulado com média de 458,42 semanas e 99° percentil em 519,10 semanas. Isso significa que o uso de uma estimativa de 408 semanas de ponto único produziria uma avaliação completamente equivocada do risco real do cronograma. Em média, haveria um atraso de 50,42 semanas. Na pior das hipóteses, ainda temos certeza de que, em 99% das vezes, o projeto será concluído em 519,0 semanas.

A figura 3.9 mostra o custo simulado, onde a média é de US$162,86 milhões com um intervalo de confiança de 90% e que o custo será entre US$151,57 milhões e US$173,91 milhões. Isso significa que há 5% de chance de que o custo fique abaixo de US$151,57 milhões e 5% de chance de estar acima de US$173,91 milhões. Isso está longe da estimativa de US$143 milhões. Neste caso, haverá um custo médio no orçamento de US$19,86 milhões. Com base nas projeções e se a simulação não fosse aplicada, o projeto estaria consideravelmente acima do orçamento e muito atrasado.

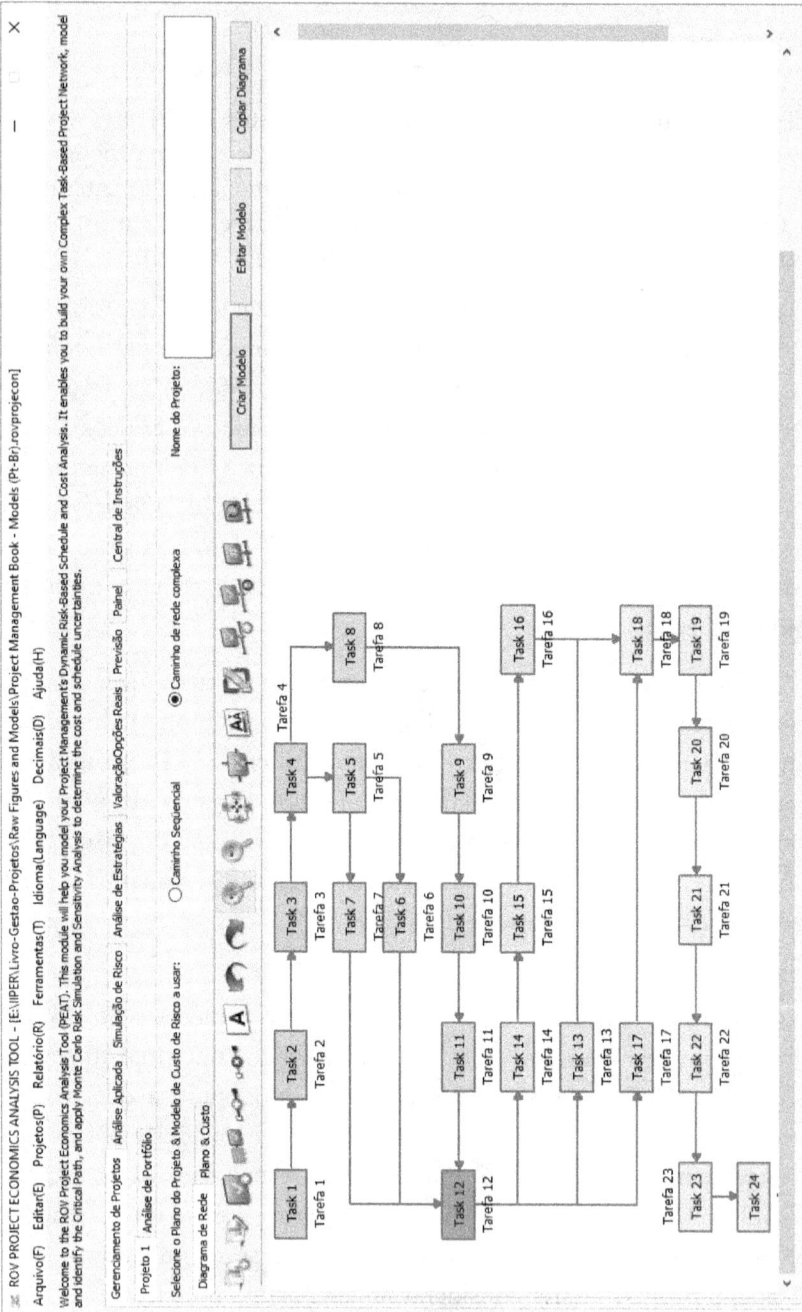

Figura 3.4: Diagrama de Rede Complexa do PEAT

ROV PROJECT ECONOMICS ANALYSIS TOOL - [E:\IPER\Livro-Gestao-Projetos\Raw Figures and Models\Project Management Book - Models (Pt-Br).rovprojecon]   — ⸱ ×

Arquivo(F) Editar(E) Projetos(P) Relatório(R) Ferramentas(T) Idioma(Language) Decimais(D) Ajuda(H)

Welcome to the ROV Project Economics Analysis Tool (PEAT). This module will help you model your Project Management's Dynamic Risk-Based Schedule and Cost Analysis. It enables you to build your own Complex Task-Based Project Network, model and identify the Critical Path, and apply Monte Carlo Risk Simulation and Sensitivity Analysis to determine the cost and schedule uncertainties.

Gerenciamento de Projetos Análise Aplicada Simulação de Risco Análise de Estratégias Valoração\Opções Reais Previsão Painel Central de Instruções

Projeto 1 Análise de Portfólio

Selecione o Plano do Projeto & Modelo de Custo de Risco a usar: ○ Caminho Sequencial   ● Caminho de rede complexa   Nome do Projeto:

Diagrama de Rede   Plano & Custo

☑ Incluir Análise Custo Baseado em Cronograma   ☐ Show Predecessors and Successors
☐ Incluir Orçamento Excedido & Buffers   Ensaios de simulação: 1.000   Executar   Executar Todos Projetos
☐ Incluir probabilidades de sucesso de cada tarefa e modelo seus impactos   Tarefas com Semanalmente   ☑ Atualização Auto   ☐ Executar Sequencialmente

Aplicar Valor Semente: 123   Mostrar 24 ⇕   Semanalmente   Triangular

Tarefa	Nome da Tarefa	Custo (Custo Fixo)			Cronograma Tempo (Semanas)			Variável Semanalmente Cus...
		Mínimo	Mais Provável	Máximo	Mínimo	Mais Provável	Máximo	
Task 1	Tarefa 1	1,0	1,5	3,0	2	5	10	0,2
Task 2	Tarefa 2	1,0	1,5	3,0	5	10	15	0,2
Task 3	Tarefa 3	1,0	1,5	3,0	30	45	90	0,2
Task 4	Tarefa 4	1,0	1,5	3,0	5	10	15	0,2
Task 5	Tarefa 5	1,0	1,5	3,0	30	45	90	0,2
Task 6	Tarefa 6	1,0	1,5	3,0	5	10	15	0,2
Task 7	Tarefa 7	1,0	1,5	3,0	15	25	60	0,2
Task 8	Tarefa 8	1,0	1,5	3,0	10	20	60	0,2
Task 9	Tarefa 9	1,0	1,5	3,0	5	15	30	0,2
Task 10	Tarefa 10	1,0	1,5	3,0	5	10	15	0,2
Task 11	Tarefa 11	1,0	1,5	3,0	15	25	45	0,2
Task 12	Tarefa 12	1,0	1,5	3,0	15	20	30	0,2
Task 13	Tarefa 13	1,0	1,5	3,0	20	30	45	0,2
Task 14	Tarefa 14	1,0	1,5	3,0	30	45	60	0,2
Task 15	Tarefa 15	1,0	1,5	3,0	15	30	45	0,2
Task 16	Tarefa 16	1,0	1,5	3,0	5	10	20	0,2
Task 17	Tarefa 17	1,0	1,5	3,0	10	15	25	0,2
Task 18	Tarefa 18	1,0	1,5	3,0	15	30	60	0,2
Task 19	Tarefa 19	1,0	1,5	3,0	10	15	30	0,2

Calculado
Custo

Figura 3.5: Janela de Custos Variáveis e Prazos

ROV PROJECT ECONOMICS ANALYSIS TOOL - [E-HiPER Livro-Gestao-Projetos-Raw Figures and Models-Project Management Book - Models (Pt-Br).rovproj.econ]

Arquivo(F)　Editar(E)　Projetos(P)　Relatorio(R)　Ferramentas(T)　Idioma(Language)　Decimais(D)　Ajuda(H)

Welcome to the ROV Project Economics Analysis Tool (PEAT). This module will help you model your Project Management's Dynamic Risk-Based Schedule and Cost Analysis. It enables you to build your own Complex Task-Based Project Network, model and identify the Critical Path, and apply Monte Carlo Risk Simulation and Sensitivity Analysis to determine the cost and schedule uncertainties.

Gerenciamento de Projetos　Análise Aplicada　Simulação de Risco　Análise de Estratégias　Valoração/Opções Reais　Previsão　Painel　Central de Instruções

Projeto 1　Análise de Portfólio

Selecione o Plano do Projeto & Modelo de Custo de Risco a user:　　Nome do Projeto:

Diagrama de Rede　Plano & Custo

○ Caminho Sequencial　　● Caminho de rede complexa

☐ Show Predecessors and Successors

☑ Incluir Análise Custo Baseado em Cronograma　　☑ Realizar Simulação de Risco　　Ensaios de simulação: 123 / 1.000

☐ Incluir Orçamento Excedido & Buffers　　☑ Aplicar Valor Semente:　　Tarefas com 24

☐ Incluir probabilidades de sucesso de cada tarefa e modelo seus impactos　　Mostrar

			Mostrar			Semanalmente	Triangular
Task 15	Tarefa 15	1,0	1,5	3,0	8	15	30	45	0,2
Task 16	Tarefa 16	1,0	1,5	3,0	4	5	10	20	0,2
Task 17	Tarefa 17	1,0	1,5	3,0	5	10	15	25	0,2
Task 18	Tarefa 18	1,0	1,5	3,0	8	15	30	60	0,2
Task 19	Tarefa 19	1,0	1,5	3,0	5	10	15	30	0,2
Task 20	Tarefa 20	1,0	1,5	3,0	8	15	30	60	0,2
Task 21	Tarefa 21	1,0	1,5	3,0	4	5	10	15	0,2
Task 22	Tarefa 22	1,0	1,5	3,0	14	30	60	90	0,2
Task 23	Tarefa 23	1,0	1,5	3,0	4	5	10	15	0,2
Task 24	Tarefa 24	1,0	1,5	3,0	3	5	8	12	0,2
Total Projeto		24	36	72	143	237	408,00	717	107

Executar　　Executar Todos Projetos
☑ Atualização Auto　　☐ Executar Sequencialmente

Caminho Crítico 1-5, 7, 12, 14-16, 18-24　　54,20%
Caminho Crítico 1-4, 8-12, 14-16, 18-24　　45,80%
Caminho Crítico 1-4, 8-12, 17-24　　0,00%
Caminho Crítico 1-5, 7, 12-13, 18-24　　0,00%
Caminho Crítico 1-6, 12, 14-16, 18-24　　0,00%
Caminho Crítico 1-6, 12, 17-24　　0,00%
Caminho Crítico 1-5, 7, 12, 17-24　　0,00%
Caminho Crítico 1-4, 8-13, 18-24　　0,00%
Caminho Crítico 1-6, 12-13, 18-24　　0,00%

Figura 3.6: Caminhos Críticos Simulados

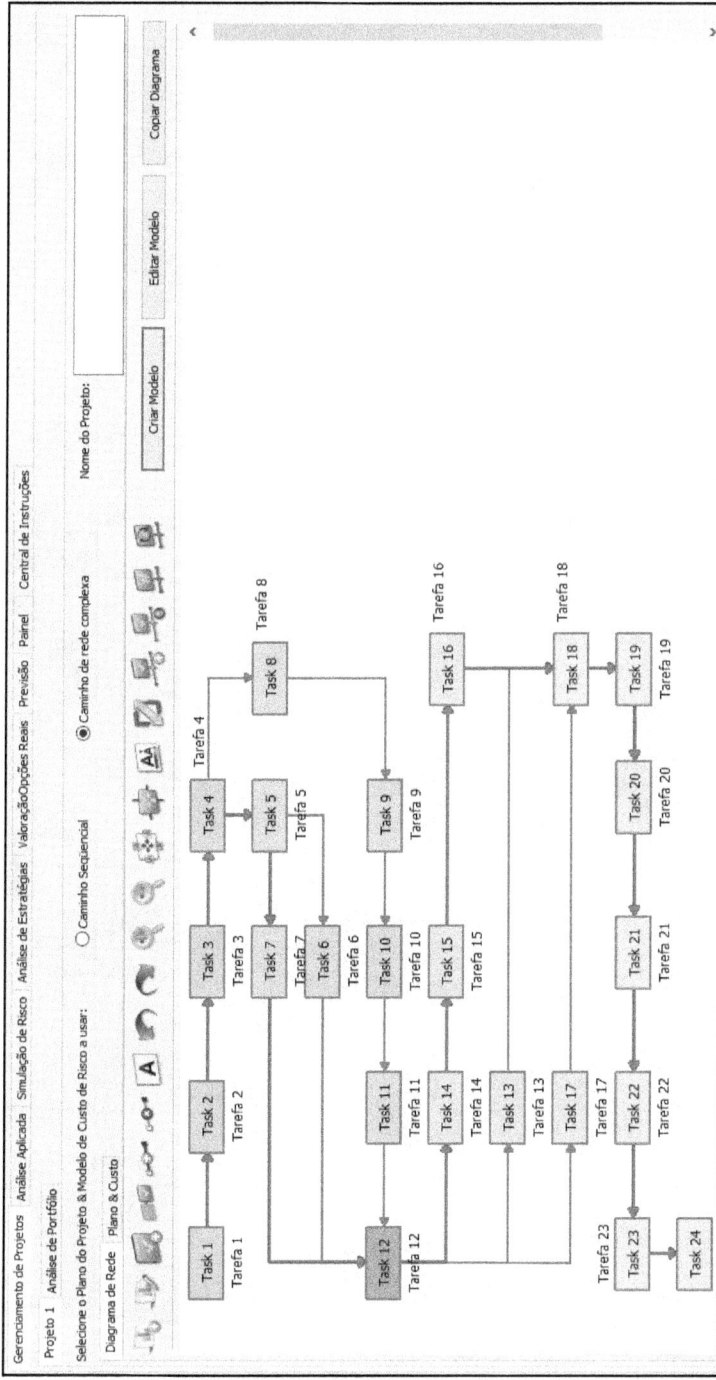

Figura 3.7: Caminho Crítico Mais Provável

Gerenciamento de Projetos   Análise Aplicada   Simulação de Risco   Análise de Estratégias   Valoração/Opções Reais   Previsão   Painel   Central de Instruções

Resultados da Simulação   Resultados Sobrepostos   Análise de Alternativas   Sensibilidade Dinâmica

Selecione o Projeto e a Variável de Saída:

Projeto 1: Project Schedule

Bar Type: Bar   Bar Color   Line Index: 1 [50,41%]   Data Labels   Custom Text Properties   S-Curve Color

Projeto 1: Projeto Cronograma

Frequência

140,00
120,00
100,00
80,00
60,00
40,00
20,00
0,00

Média

370,22   404,84   439,47   474,09   508,71   543,34

Cauda Esq.: 99,00% em 519,10
Certainty Value Lines: 458,42

Mostrar Linhas Verticais em:

Percentis %:
Valores de Certeza: 458,42

☑ Mostrar info.

Copiar Gráfico   PDF Histograma   ∨   Atualizar   Mostrar Grade

Calcule e Mostre as linhas em: Cauda Esq.: <

Percents: 99,00   %
Confiança: 519,10   %

☑ Mostrar info.   Extrair dados da Simulação

Estatísticas/Percentil	Valor
Cenários	1.000
Média	458,42
Mediana	458,22
Desv/Padrão	27,26
CV	5,95%
Assimetria	-0,0001
Curtose	-0,1553
Mínimo	370,22
Máximo	543,34
Intervalo	173,12
0%	370,22
5%	413,61
10%	423,56
20%	435,19
30%	443,84
40%	450,92

Nome: Projeto 1 - Cronograma (99% Cauda Esquerda)

Novo   Salvo Como   Editar   Salvar   Deletar   ++

Modelo
Projeto 1 Custo - 90% Intervalo de Confiança
Projeto 1 - Cronograma (99% Cauda Esquer...

2 ⏺ Decimais

☐ Ao salvar, inclua dados e resultados simulados (isso pode resultar em uma resposta mais lenta e em um tamanho maior de arquivos)

Abrir   Salvar

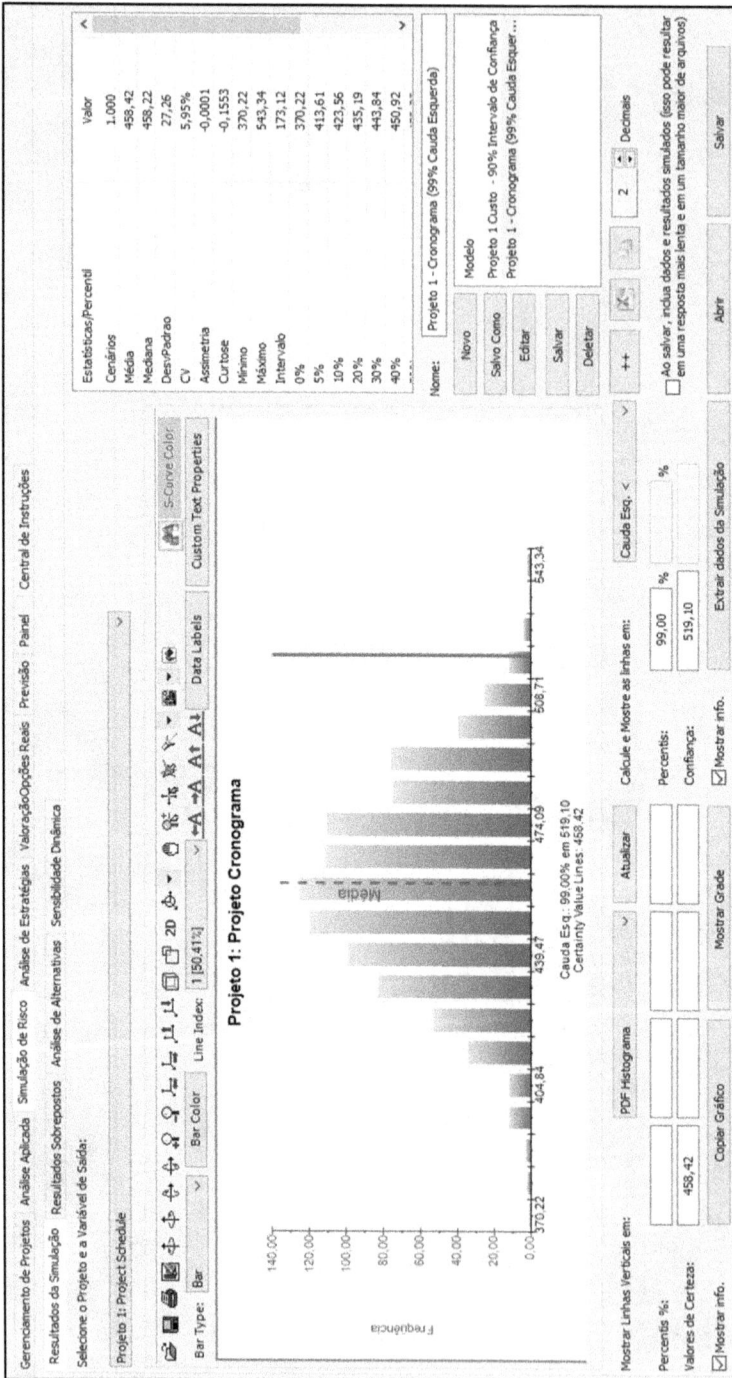

Figura 3.8: Perfil Simulado de Risco de Prazo

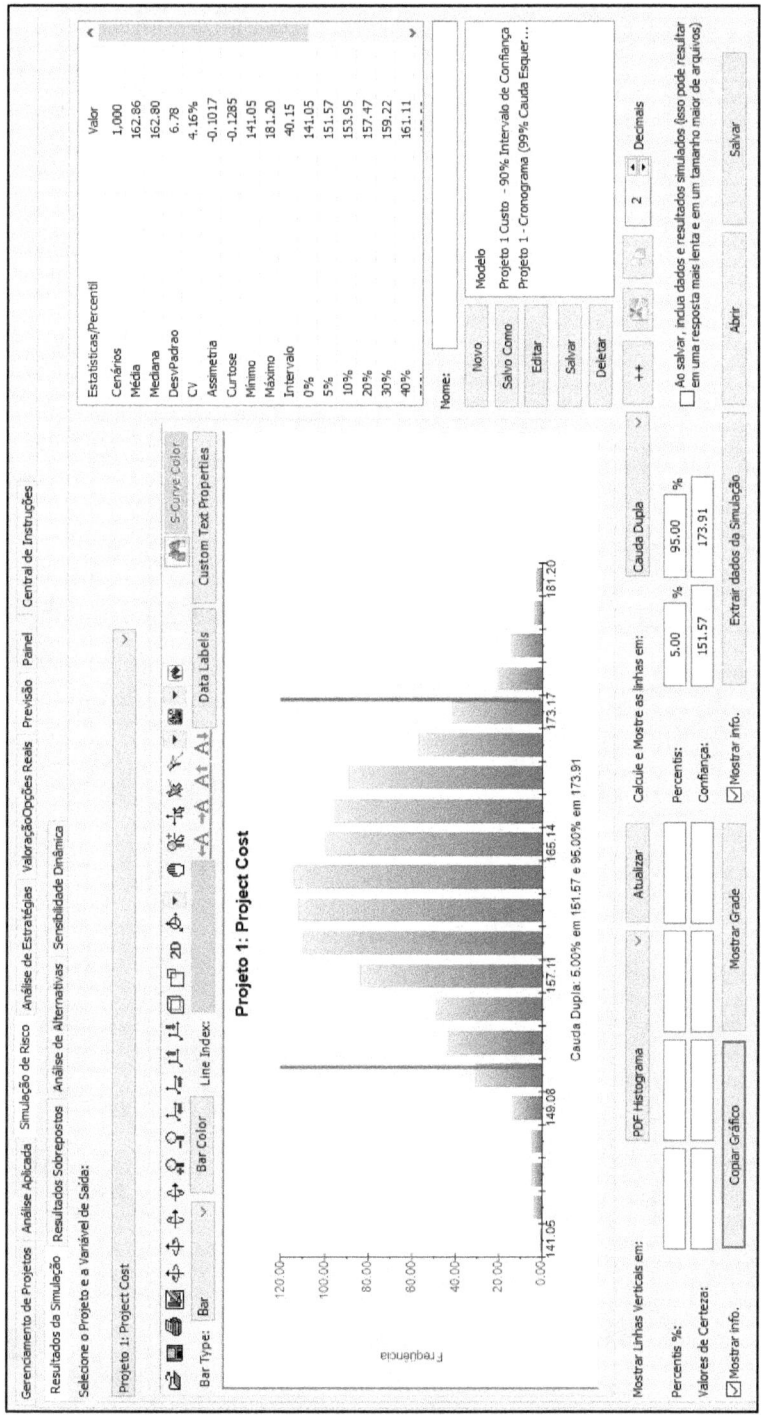

Figura 3.9: Perfil Simulado de Risco do Custo

4

SIMULAÇÃO DE CRONOGRAMA

Às vezes, as datas exatas devem ser simuladas, em vez de aceitar valores determinísticos para número de meses, semanas ou dias. Tal acima pode ser feito com muita facilidade, através do Excel e do *Risk Simulator*. Descrevemos brevemente essa abordagem neste capítulo.

Criando e Simulando Modelos de Avaliação de Cronograma no Excel

Na Figura 4.1 vemos um cálculo simples sobre o prazo das atividades e o cronograma de um projeto. No exemplo, observamos que existem 5 tarefas com subseções ou subtarefas, e com suposições de duração mínima, mais provável e máxima, em semanas. Há também uma chance de que um atraso ou retrabalho seja necessário. Células destacadas são suposições de variáveis aleatórias utilizadas na simulação e a data final é definida como uma célula de previsão no *Risk Simulator*. Para obter mais detalhes sobre como executar as simulações usando o *Risk Simulator*, sugerimos que você veja o livro do Dr. Johnathan Mun, *Modeling Risk*, Third Edition (Thomson-Shore, 2016) ou *Readings in Certified Quantitative Risk Management* (IIPER Press, 2016).

Gerenciamento Risco de Cronograma com base na Simulação Monte Carlo

	Data de Inicio	Duração em Semanas				Data Término	Probabilidade	Inicio do atraso em semanas				Conclusão do atraso em semanas			
		Supuesto	Min	ML	Max			Supuesto	Min	ML	Max	Suposição	Min	ML	Max
Data de Inicio do Contrato	30/jan/20														
FASE CONCEITUAL (Tarefa 01)															
Fase de Conclusão	30/jan/20	18,0	15	18	24	04/jun/20	90%								
Revisão dos Riscos	04/jun/20	3,0	2	3	5	25/jun/20	10%								
Total (c)						06/jun/20									
INICIO (Tarefa 02)															
Fase de Conclusão	30/jan/20	5,0	3	5	9	05/mar/20	85%								
Risco de Demora	05/mar/20	5,0	3	5	7	09/abr/20	15%								
Total (c)						10/mar/20									
DESENVOLVIMENTO (Tarefa 03)															
Fase de Conclusão	06/jun/20	7,0	6	7	8	25/jul/20	15%					2,5	1,1	2,5	3,1
FABRICAÇÃO (Tarea 04)															
Produto A	12/set20	5,0	3	5	7	17/out/20	85%	7,0	6	7	8				
Produto B	17/out20	4,0	3	4	5	14/nov/20	10%								
Produto C	14/nov/20	5,0	3	5	9	19/dez/20	5%								
Personalizado	19/dez/20	9,0	4	9	11	18/fev/18									
COMERCIALIZAÇÃO (Tarefa 05)															
USA															
Produto A	07/nov/20	7,0	6	7	8	26/dez/20	90%	3,0	1	3	4				
Produto B	26/dez/20	8,0	6	8	9	20/fev/21									
Produto C	20/fev/21	7,0	6	7	9	10/abr/21									
Europa															
Produto A	07/nov/20	8,0	7	8	9	02/jan/21	10%	3,0	2	3	6				
Produto B	02/jan/21	6,0	5	6	10	13/fev/21									
Produto C	13/fev/21	6,0	4	6	9	27/mar/21									
Data Final de Conclusão						08/abr/21									

Figura 4.1: Modelo de Simulação de Cronograma (Prazo)

Simulação de Risco Monte Carlo no Cronograma

Uma vez que a simulação esteja completa, podemos determinar o perfil de risco como de costume. Por exemplo, na Figura 4.2 vemos que há 90% de chance de que o projeto seja concluído até a data 44323,30 ou 7 de maio de 2021. O perfil de risco simulado aparece na Figura 4.3. Deve-se *notar que o Risk Simulator* executará as simulações com base em um valor numérico e retornará seus resultados usando o mesmo valor numérico. Basta inserir esse número em uma célula vazia e clicar com o botão direito do mouse na célula ou *CTRL+1* para abrir a *Caixa de Diálogo Formatar Células* (Gráfico 4.4) e alterar o formato *Número* de número para *Datas Personalizadas*. A parte inferior da Figura 4.1 mostra tanto o valor numérico quanto a conversão de data usando a abordagem de formatação celular. Os outros valores numéricos podem ser convertidos da mesma forma em uma data de calendário.

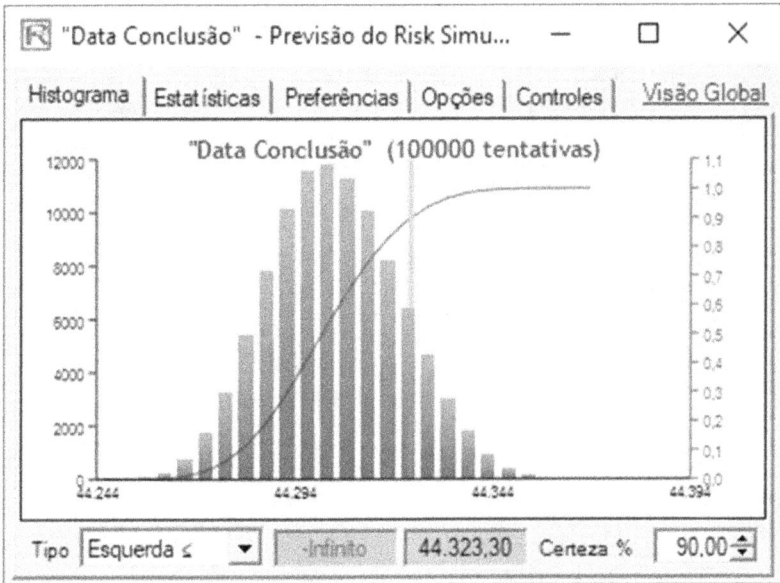

Figura 4.2: Resultados Simulados – Percentil

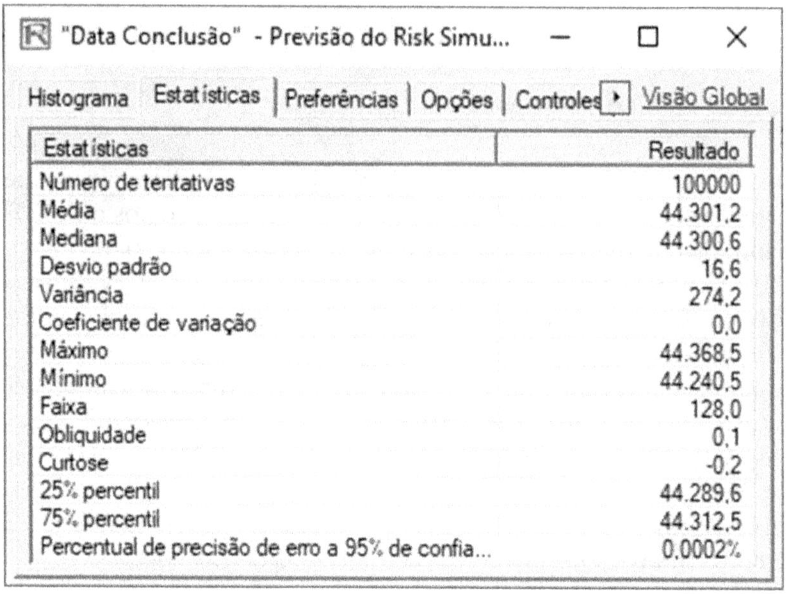

Histograma | Estatísticas | Preferências | Opções | Controles ▸ | Visão Global

Estatísticas	Resultado
Número de tentativas	100000
Média	44.301,2
Mediana	44.300,6
Desvio padrão	16,6
Variância	274,2
Coeficiente de variação	0,0
Máximo	44.368,5
Mínimo	44.240,5
Faixa	128,0
Obliquidade	0,1
Curtose	-0,2
25% percentil	44.289,6
75% percentil	44.312,5
Percentual de precisão de erro a 95% de confia...	0,0002%

Figura 4.3: Resultados Simulados - Perfil de Risco

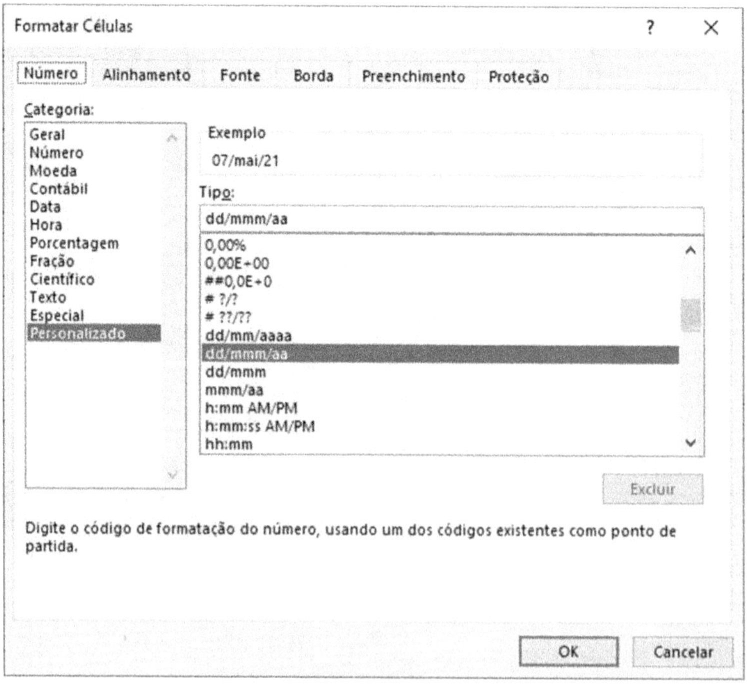

Formatar Células   ? ✕

| Número | Alinhamento | Fonte | Borda | Preenchimento | Proteção |

Categoria:

Geral
Número
Moeda
Contábil
Data
Hora
Porcentagem
Fração
Científico
Texto
Especial
Personalizado

Exemplo

07/mai/21

Tipo:

dd/mmm/aa

```
0,00%
0,00E+00
##0,0E+0
# ?/?
# ??/??
dd/mm/aaaa
dd/mmm/aa
dd/mmm
mmm/aa
h:mm AM/PM
h:mm:ss AM/PM
hh:mm
```

Excluir

Digite o código de formatação do número, usando um dos códigos existentes como ponto de partida.

OK   Cancelar

Figura 4.4: Configurações do formato de célula

5

CPM & DIAGRAMA DE GANTT

O modelo de caminho crítico será apresentado mais adiante neste capítulo e lá veremos como identificar um caminho crítico e como as tarefas são consideradas parte do caminho crítico. A análise do caminho crítico contempla apenas o risco do cronograma e não afeta o risco de custo de um projeto.

Resolução Manual de um Modelo de Caminho Crítico

Usando o caminho de rede complexa mostrado na Figura 5.1, descrevemos como o caminho crítico é calculado na Figura 5.2 usando um modelo Excel. No exemplo, vemos 21 tarefas, cada uma com sua própria duração otimista (mínima), esperada (provável) e pessimista (máxima). O menor tempo de conclusão é o menor tempo de início mais a duração simulada, onde o menor tempo de início é o menor tempo de conclusão da tarefa anterior. Se houver ciclos complexos nos antecessores da tarefa, então a duração máxima será usada. O modelo é então concluído, uma vez que os cálculos do último prazo de início, o último tempo de término, e a margem entre o último tempo de início e o menor tempo de início são realizados. Se a margem é zero, ou seja, não há reserva extra de tempo, então é mostrado que a tarefa está no caminho crítico. A Figura 5.3 mostra as especificações exatas dos cálculos, completas com os cabeçalhos das linhas e colunas.

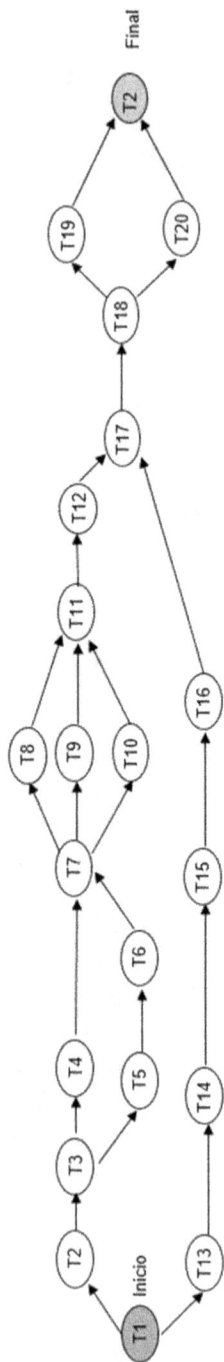

Figura 5.1: Método de rota crítica (CPM) - Gráfico

Método do caminho crítico e análise do tempo de chegada ao mercado

Número da Tarefa	Antecesor	Duração Otimista	Duração Esperada	Duração Pessimista	Duração Simulada	Hora de início mais cedo	Hora de término mais cedo	Última Hora de início	Última Hora de Término	Margem	Caminho Crítico?
Tarefa 1		0	0	0	0,0	0,0	0,0	0,0	11,0	11,0	0
Tarefa 2	1 FS	10	15	20	15,0	0,0	15,0	11,0	26,0	11,0	0
Tarefa 3	2 FS	15	20	22	20,0	15,0	35,0	26,0	46,0	11,0	0
Tarefa 4	3 FS	21	26	30	26,0	35,0	61,0	46,0	72,0	11,0	0
Tarefa 5	3 SS	15	18	23	18,0	35,0	53,0	39,0	57,0	4,0	0
Tarefa 6	5 FS	13	15	17	15,0	53,0	68,0	57,0	72,0	4,0	0
Tarefa 7	4,6 FS	30	38	45	38,0	68,0	106,0	72,0	110,0	4,0	0
Tarefa 8	7 FS	20	25	30	25,0	106,0	131,0	110,0	135,0	4,0	0
Tarefa 9	7 FS	10	15	20	15,0	106,0	121,0	120,0	135,0	14,0	0
Tarefa 10	7 FS	11	18	22	18,0	106,0	124,0	117,0	135,0	11,0	0
Tarefa 11	8,9,10 FS	23	30	45	30,0	131,0	161,0	135,0	165,0	4,0	0
Tarefa 12	11 FS	22	28	39	28,0	161,0	189,0	165,0	193,0	4,0	0
Tarefa 13	1 FS	120	140	180	140,0	0,0	140,0	18,0	158,0	18,0	0
Tarefa 14	13 FS	13	18	22	18,0	140,0	158,0	158,0	176,0	18,0	0
Tarefa 15	14 SS	15	20	25	20,0	158,0	178,0	158,0	178,0	0,0	1
Tarefa 16	15 FS	10	15	20	15,0	178,0	193,0	178,0	193,0	0,0	1
Tarefa 17	12,16 FS	30	33	44	33,0	193,0	226,0	193,0	226,0	0,0	1
Tarefa 18	17 FS	5	8	11	8,0	226,0	234,0	226,0	234,0	0,0	1
Tarefa 19	18 FS	10	15	25	15,0	234,0	249,0	236,0	251,0	2,0	0
Tarefa 20	18 FS	13	17	19	17,0	234,0	251,0	234,0	251,0	0,0	1
Tarefa 21	19, 20 FS	20	25	40	25,0	251,0	276,0	251,0	276,0	0,0	1
Final					0,0	276,0	276,0	276,0	276,0		

Figura 5.2: Método de rota crítica (CPM) - Planilha

Método do caminho crítico e análise do tempo de chegada ao mercado

Número da Tarefa	Antecesor	Duração Otimista	Duração Esperada	Duração Pessimista	Duração Simulada	Hora de início mais cedo	Hora de término mais cedo	Última Hora de início	Última Hora de Término	Margem	Caminho Crítico?
Tarefa 1		0	0	0	0	0	=H4+G4	=MINIMO(J5;J16)	=J4+G4	=J5-H5	=SE(L5=0;1;0)
Tarefa 2	1 FS	10	15	20	=E5	=I4	=H5+G5	=J6-G6	=J5+G5	=J6-H6	=SE(L6=0;1;0)
Tarefa 3	2 FS	15	20	22	=E6	=I5	=H6+G6	=MINIMO(J7-G6;J8)	=J6+G6	=J7-H7	=SE(L7=0;1;0)
Tarefa 4	3 FS	21	26	30	=E7	=I6	=H7+G7	=J10-G7	=J7+G7	=J8-H8	=SE(L8=0;1;0)
Tarefa 5	3 SS	15	18	23	=E8	=I6	=H8+G8	=J9-G8	=J8+G8	=J9-H9	=SE(L9=0;1;0)
Tarefa 6	5 FS	13	15	17	=E9	=I8	=H9+G9	=J10-G9	=J9+G9	=J10-H10	=SE(L10=0;1;0)
Tarefa 7	4,6 FS	30	38	45	=E10	=MÁXIMO(I7:I9)	=H10+G10	=MINIMO(J11-G10;J12)	=J10+G10	=J11-H11	=SE(L11=0;1;0)
Tarefa 8	7 FS	20	25	30	=E11	=I10	=H11+G11	=J14-G11	=J11+G11	=J12-H12	=SE(L12=0;1;0)
Tarefa 9	7 FS	10	15	20	=E12	=I10	=H12+G12	=J14-G12	=J12+G12	=J13-H13	=SE(L13=0;1;0)
Tarefa 10	7 FS	11	18	22	=E13	=I10	=H13+G13	=J14-G13	=J13+G13	=J14-H14	=SE(L14=0;1;0)
Tarefa 11	8,9,10 FS	23	30	45	=E14	=MÁXIMO(I11:I13)	=H14+G14	=J15-G14	=J14+G14	=J15-H15	=SE(L15=0;1;0)
Tarefa 12	11 FS	22	28	39	=E15	=I14	=H15+G15	=J20-G15	=J15+G15	=J16-H16	=SE(L16=0;1;0)
Tarefa 13	1 FS	120	140	180	=E16	=I4	=H16+G16	=J17-G16	=J16+G16	=J17-H17	=SE(L17=0;1;0)
Tarefa 14	13 FS	13	18	22	=E17	=I16	=H17+G17	=J18	=J17+G17	=J18-H18	=SE(L18=0;1;0)
Tarefa 15	14 SS	15	20	25	=E18	=I17	=H18+G18	=J19-G18	=J18+G18	=J19-H19	=SE(L19=0;1;0)
Tarefa 16	15 FS	10	15	20	=E19	=I18	=H19+G19	=J20-G19	=J19+G19	=J20-H20	=SE(L20=0;1;0)
Tarefa 17	12,16 FS	30	33	44	=E20	=MÁXIMO(I15:I19)	=H20+G20	=J21-G20	=J20+G20	=J21-H21	=SE(L21=0;1;0)
Tarefa 18	17 FS	5	8	11	=E21	=I20	=H21+G21	=MINIMO(J22;J23)-G21	=J21+G21	=J22-H22	=SE(L22=0;1;0)
Tarefa 19	18 FS	10	15	25	=E22	=I21	=H22+G22	=J24-G22	=J22+G22	=J23-H23	=SE(L23=0;1;0)
Tarefa 20	18 FS	13	17	19	=E23	=I21	=H23+G23	=J24-G23	=J23+G23	=J24-H24	=SE(L24=0;1;0)
Tarefa 21	19, 20 FS	20	25	40	=E24	=MÁXIMO(I22:I23)	=H24+G24	=H24	=J24+G24		
Final					0	=I24	=H25+G25	=H25	=J25+G25		

Figura 5.3: Cálculos Manuais

Comparação com Cálculos de PEAT

A Figura 5.4 é uma réplica da complexa rota da Figura 5.1 através do módulo de gerenciamento de projetos em PEAT. As mesmas suposições de entrada são inseridas na Figura 5.5. Vemos que o tempo de conclusão da estimativa de ponto único é de 276 dias, o mesmo tempo que foi calculado manualmente na Figura 5.2.

Note que na Figura 5.2, as tarefas críticas foram as *Tarefas 15, 16, 17, 18, 20 e 21*. Na Figura 5.4, essas mesmas tarefas estão no caminho crítico destacado. Note- se, no entanto, que, por convenção, um caminho crítico é, por definição, um caminho, do início ao fim do projeto. Portanto, a Figura 5.4 mostra o caminho crítico das *Tarefas 1, 13 e 14* conectando-se às tarefas críticas *Tarefas 15, 16, 17, 18, 20 e 21*.

Diagramas GANTT

A Figura 5.6 mostra o desenvolvimento de um Gráfico GANTT. Os gráficos GANTT são ocasionalmente usados no gerenciamento de projetos como uma maneira de exibir tarefas em linhas implantadas versus tempo no eixo x. À esquerda do diagrama há uma lista de tarefas por linhas e no topo está a linha do tempo ou datas.

A coluna concluída é o menor tempo de conclusão da tarefa anterior multiplicado pelo percentual de conclusão (p.ex., 4,5 é calculado multiplicando-se 15 × 30%) e o restante é seu valor complementar de 10,5 ou 15 × (1-30%). Finalmente, a coluna data de início é a data da tarefa anterior mais a duração simulada no Figura 5.2.

É quando o gráfico GANTT é gerado com base nesses valores que aparecem como um gráfico de barras horizontal com segmentos concluídos e restantes para cada tarefa.

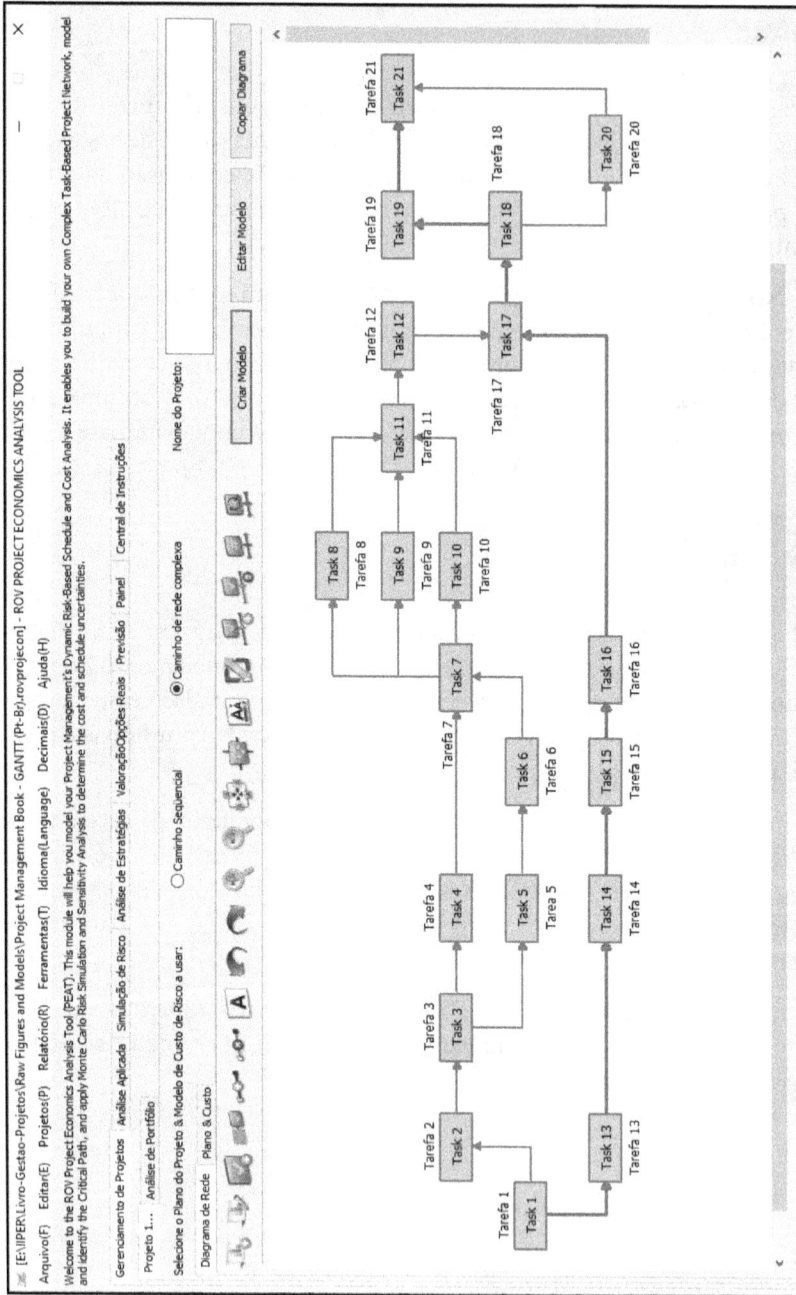

Figura 5.4: Rota Complexa em PEAT

Welcome to the ROV Project Economics Analysis Tool (PEAT). This module will help you model your Project Management's Dynamic Risk-Based Schedule and Cost Analysis. It enables you to build your own Complex Task-Based Project Network, model and identify the Critical Path, and apply Monte Carlo Risk Simulation and Sensitivity Analysis to determine the cost and schedule uncertainties.

Gerenciamento de Projetos   Análise Aplicada   Simulação de Risco   Análise de Estratégias   Valoração/Opções Reais   Previsão   Painel   Central de Instruções

Projeto 1...   Análise de Portfólio

Selecione o Plano do Projeto & Modelo de Custo de Risco a usar: ○ Caminho Sequencial   ⦿ Caminho de rede complexa   □ Show Predecessors and Successors   Nome do Projeto:

Diagrama de Rede   Plano & Custo

☑ Incluir Análise Custo Baseado em Cronograma   ☑ Realizar Simulação de Risco   Ensaios de simulação: 1.000   Executar   Executar Todos Projetos
□ Incluir Orçamento Excedido & Buffers   □ Aplicar Valor Semente: 123   ☑ Atualização Auto   □ Executar Sequencialmente
□ Incluir probabilidades de sucesso de cada tarefa e modelo seus impactos   Mostrar   21   Tarefas com

		Semanalmente		Triangular
Task 7	Tarefa 7	30	38	45
Task 8	Tarefa 8	20	25	30
Task 9	Tarefa 9	10	15	20
Task 10	Tarefa 10	11	18	22
Task 11	Tarefa 11	23	30	45
Task 12	Tarefa 12	22	28	39
Task 13	Tarefa 13	120	140	180
Task 14	Tarefa 14	13	18	22
Task 15	Tarefa 15	15	20	25
Task 16	Tarefa 16	10	15	20
Task 17	Tarefa 17	30	33	44
Task 18	Tarefa 18	5	8	11
Task 19	Tarefa 19	10	15	25
Task 20	Tarefa 20	13	17	19
Task 21	Tarefa 21	20	25	40
	Total Projeto	**226**	**276,00**	**361**

Caminho Crítico 1, 13-19, 21   33,10%
Caminho Crítico 1, 13-18, 20-21   29,10%
Caminho Crítico 1-3, 5-8, 11-12, 17-18, 20-21   19,60%
Caminho Crítico 1-3, 5-8, 11-12, 17-19, 21   18,20%

0

Figura 5.5: Rota Simulada Complexa em PEAT

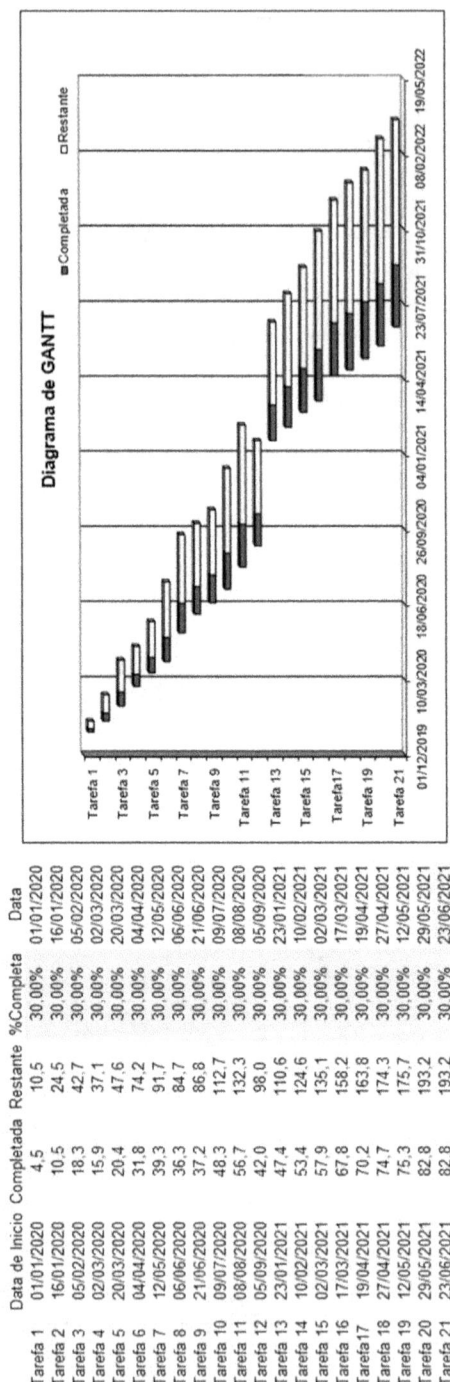

Diagrama de GANTT

Gráfico 5.6: Diagrama de GANTT

	Data de Início	Completada	Restante	%Completa	Data
Tarefa 1	01/01/2020	4.5	10.5	30,00%	01/01/2020
Tarefa 2	16/01/2020	10.5	24.5	30,00%	16/01/2020
Tarefa 3	05/02/2020	18.3	42.7	30,00%	05/02/2020
Tarefa 4	02/03/2020	15.9	37.1	30,00%	02/03/2020
Tarefa 5	20/03/2020	20.4	47.6	30,00%	20/03/2020
Tarefa 6	04/04/2020	31.8	74.2	30,00%	04/04/2020
Tarefa 7	12/05/2020	39.3	91.7	30,00%	12/05/2020
Tarefa 8	06/06/2020	36.3	84.7	30,00%	06/06/2020
Tarefa 9	21/06/2020	37.2	86.8	30,00%	21/06/2020
Tarefa 10	09/07/2020	48.3	112.7	30,00%	09/07/2020
Tarefa 11	08/08/2020	56.7	132.3	30,00%	08/08/2020
Tarefa 12	05/09/2020	42.0	98.0	30,00%	05/09/2020
Tarefa 13	23/01/2021	47.4	110.6	30,00%	23/01/2021
Tarefa 14	10/02/2021	53.4	124.6	30,00%	10/02/2021
Tarefa 15	02/03/2021	57.9	135.1	30,00%	02/03/2021
Tarefa 16	17/03/2021	67.8	158.2	30,00%	17/03/2021
Tarefa17	19/04/2021	70.2	163.8	30,00%	19/04/2021
Tarefa 18	27/04/2021	74.7	174.3	30,00%	27/04/2021
Tarefa 19	12/05/2021	75.3	175.7	30,00%	12/05/2021
Tarefa 20	29/05/2021	82.8	193.2	30,00%	29/05/2021
Tarefa 21	23/06/2021	82.8	193.2	30,00%	23/06/2021

6

FOLGA DE ORÇAMENTO E TAREFAS LIGADAS À PROBABILIDADE DE SUCESSO

Os custos excedidos e as chances de sucesso em cada tarefa conectada podem ser incluídos em cálculos complexos do modelo de rota. Essas inclusões afetarão apenas o custo do projeto, mas não seu cronograma.

Modelo Básico, Custos Excedentes, Chance de Sucesso para Cada Tarefa

Na Figura 6.1 vemos um modelo básico de rota sequencial, sem quaisquer suposições de excedente de custo ou chance de sucesso, enquanto na Figura 6.2 vemos o mesmo modelo com algumas suposições de sobrecustos no orçamento. A Figura 6.3 usa as chances de sucesso em cada tarefa, mas sem qualquer custo orçamentário. Por fim, a Figura 6.4 exibe o mesmo modelo com sobrecustos orçamentário e probabilidades de sucesso em cada tarefa. Foi realizada uma simulação idêntica com 10.000 cenários, com uso de semente igual a 123. Dessa forma, podemos ter uma comparação adequada e direta desses quatro modelos e ver os efeitos dessas premissas de sobrecustos e probabilidades de sucesso no perfil de risco de custos e cronograma.

Arquivo(F) Editar(E) Projetos(P) Relatório(R) Ferramentas(T) Idioma(Language) Decimais(D) Ajuda(H)

Welcome to the ROV Project Economics Analysis Tool (PEAT). This module will help you model your Project Management's Dynamic Risk-Based Schedule and Cost Analysis. It enables you to build your own Complex Task-Based Project Network, model and identify the Critical Path, and apply Monte Carlo Risk Simulation and Sensitivity Analysis to determine the cost and schedule uncertainties.

Gerenciamento de Projetos   Análise Aplicada   Simulação de Risco   Análise de Estratégias   Valoração/Opções Reais   Previsão   Painel   Central de Instruções

Básico   Sobrecusto   Probabilidade   Completo   Análise de Portfólio

Selecione o Plano do Projeto & Modelo de Custo de Risco a usar: ● Caminho Sequencial   ○ Caminho de rede complexa   Nome do Projeto:

Plano & Custo

☑ Incluir Análise Custo Baseado em Cronograma   ☑ Realizar Simulação de Risco
☑ Incluir Orçamento Excedido & Buffers   ☑ Aplicar Valor Semente: 123
☑ Incluir probabilidades de sucesso de cada tarefa e modelo seus impactos   Mostrar   14 ⏷

☐ Show Predecessors and Successors
Ensaios de simulação: 10.000   ☑ Atualização Auto   [Executar] [Executar Todos Projetos]
Tarefas com   Semanalmente ⏷   ☐ Executar Sequencialmente   Triangular ⏷

Tarefa	Nome da Tarefa	Custo (Custo Fixo)			Calculado	Cronograma Tempo (Semanas)			Variável	Sobrecarga	Probabilida...	Linked
		Mínimo	Mais Prová...	Máximo	Custo	Mínimo	Mais Prová...	Máximo	Semanalme...	Suposição	de Sucesso	Eventos
Task 1	Conceituação	1.845	2.783	5.595	5.033	1	1,5	3	1.500			1
Task 2	Tempo adicional para remodelar o produto	158	908	1.845	1.658	0,1	0,5	1	1.500			1
Task 3	Iniciação	6.220	9.345	15.595	16.845	2	3	5	2.500			1
Task 4	Conceito de retrabalho	908	1.845	3.720	3.345	0,5	1	2	1.500			1
Task 5	Modificação de conceitos existentes.	908	1.845	2.783	3.345	0,5	1	1,5	1.500			1
Task 6	Fase 2 Desenvolvimento	21.845	26.220	34.970	47.220	5	6	8	3.500			1
Task 7	P&D-I Adicional	1.220	1.845	2.470	3.345	5	1,5	2	1.000			1
Task 8	Aplicar PI externa	3.095	6.220	6.220	11.220	0,5	1	1	5.000			1
Task 9	Manufatura	62.470	99.970	124.970	179.970	5	8	10	10.000			1
Task 10	Reprotipado	9.970	14.970	19.970	26.970	1	1,5	2	8.000			1
Task 11	Reformulação e retrabalho	9.970	14.970	19.970	26.970	1	1,5	2	8.000			1
Task 12	Análise de mercado	149.970	187.470	299.970	337.470	4	5	8	30.000			1
Task 13	Pesquisa de mercado adicional	12.470	24.970	37.470	44.970	1	2	3	10.000			1
Task 14	Reposicionar	24.970	37.470	62.470	67.470	2	3	5	10.000			1
	Total Projeto	**306.019**	**430.831**	**638.018**	**775.831**	**25**	**36.50**	**54**	**345.000**			

Figura 6.1: Modelo Básico sem Custo Orçamentário e Chances de Sucesso

ROV PROJECT ECONOMICS ANALYSIS TOOL - [E:\IPER\Livro-Gestao-Projetos\Raw Figures and Models\Project Management Book - More Models (Pt-Br).rovprojecon]

Arquivo(F) Editar(E) Projetos(P) Relatório(R) Ferramentas(T) Idioma(Language) Decimais(D) Ajuda(H)

— ◻ ✕

Welcome to the ROV Project Economics Analysis Tool (PEAT). This module will help you model your Project Management's Dynamic Risk-Based Schedule and Cost Analysis. It enables you to build your own Complex Task-Based Project Network, model and identify the Critical Path, and apply Monte Carlo Risk Simulation and Sensitivity Analysis to determine the cost and schedule uncertainties.

Gerenciamento de Projetos Análise Aplicada Simulação de Risco Valoração/Opções Reais Previsão Painel Central de Instruções

Básico Sobrecusto Probabilidade Completo Análise de Portfólio

Selecione o Plano do Projeto & Modelo de Custo de Risco a usar:　●Caminho Sequencial　○Caminho de rede complexa　　Nome do Projeto:

Plano & Custo

☑ Incluir Análise Custo Baseado em Cronograma　　☑ Realizar Simulação de Risco　　Show Predecessors and Successors

☑ Incluir Orçamento Excedido & Buffers　　☑ Aplicar Valor Semente:　123　　Ensaios de simulação: 10.000　　☑ Atualização Auto　　Executar　　Executar Todos Projetos

☑ Incluir probabilidades de sucesso de cada tarefa e modelo seus impactos　　14 ⬍　Mostrar　　Tarefa com Semanalmente　　☐ Executar Sequencialmente

Tarefa	Nome da Tarefa	Custo (Custo Fixo) Mínimo	Mais Prová...	Máximo	Calculado Custo	Cronograma Tempo (Semanas) Mínimo	Mais Provi	Máximo	Variável Semanalme...	Sobrecarga Suposição	Probabilida... de Sucesso	Linked Eventos
Task 1	Conceituação	1.845	2.783	5.595	5.536	1	1,5	3	1.500	10,00%		1
Task 2	Tempo adicional para remodelar o produto	158	908	1.845	1.824	0,1	0,5	1	1.500	10,00%		1
Task 3	Iniciação	6.220	9.345	15.595	18.530	2	3	5	2.500	10,00%		1
Task 4	Conceito de retrabalho	908	1.845	3.720	3.345	0,5	1	2	1.500	0,00%		1
Task 5	Modificação de conceitos existentes	908	1.845	2.783	3.345	0,5	1	1,5	1.500	0,00%		1
Task 6	Fase 2 Desenvolvimento	21.845	26.220	34.970	47.220	5	6	8	3.500	0,00%		1
Task 7	P&D-I Adicional	1.220	1.845	2.470	3.345	1	1,5	2	1.000	0,00%		1
Task 8	Aplicar PI externa	3.095	6.220	6.220	11.220	0,5	1	1	5.000	0,00%		1
Task 9	Manufatura	62.470	99.970	124.970	179.970	5	8	10	10.000	0,00%		1
Task 10	Reprotipado	9.970	14.970	19.970	26.970	1	1,5	2	8.000	0,00%		1
Task 11	Reformulação e retrabalho	9.970	14.970	19.970	26.970	1	1,5	2	8.000	10,00%		1
Task 12	Análise de mercado	149.970	187.470	299.970	371.217	4	5	8	30.000	10,00%		1
Task 13	Pesquisa de mercado adicional	12.470	24.970	37.470	49.467	1	2	3	10.000	10,00%		1
Task 14	Reposicionar	24.970	37.470	62.470	74.217	2	3	5	10.000	10,00%		1
	Total Projeto	**306.019**	**430.831**	**638.018**	**823.176**	**25**	**36,50**	**54**	**392.345**			

Figura 6.2: Com Possibilidade de Sobrecusto Orçamentário

Arquivo(F) Editar(E) Projetos(P) Relatorio(R) Ferramentas(T) Idioma(Language) Decimais(D) Ajuda(H)

Welcome to the ROV Project Economics Analysis Tool (PEAT). This module will help you model your Project Management's Dynamic Risk-Based Schedule and Cost Analysis. It enables you to build your own Complex Task-Based Project Network, model and identify the Critical Path, and apply Monte Carlo Risk Simulation and Sensitivity Analysis to determine the cost and schedule uncertainties.

Gerenciamento de Projetos Análise Aplicada Simulação de Risco Análise de Estratégias Valoração\Opções Reais Previsão Painel Central de Instruções

Básico Sobrecusto Probabilidade Completo Análise de Portfólio

Selecione o Plano do Projeto & Modelo de Custo de Risco a usar: ● Caminho Sequencial ○ Caminho de rede complexa Nome do Projeto:

Plano & Custo

☑ Incluir Análise Custo Baseado em Cronograma   ☐ Show Predecessors and Successors   Executar   Executar Todos Projetos
☑ Incluir Orçamento Excedido & Buffers   ☑ Realizar Simulação de Risco   Ensaios de simulação: 10.000   ☑ Atualização Auto   ☐ Executar Sequencialmente
☑ Incluir probabilidades de sucesso de cada tarefa e modelo seus impactos   ☑ Aplicar Valor Semente: Tarefas com Semanalmente   Triangular

Mostrar 14 ▲▼   123

Tarefa	Nome da Tarefa	Custo (Custo Fixo)			Calculado	Cronograma Tempo (Semanas)			Variável	Sobrecarga	Probabilida...	Linked
		Mínimo	Mais Prová...	Máximo	Custo	Mínimo	Mais Prová...	Máximo	Semanalme...	Suposição	de Sucesso	Eventos
Task 1	Conceituação	1.845	2.783	5.595	5.033	1	1,5	3	1.500		99,00%	1
Task 2	Tempo adicional para remodelar o produto	158	908	1.845	1.658	0,1	0,5	1	1.500		95,00%	1
Task 3	Iniciação	6.220	9.345	15.595	16.845	2	3	5	2.500		93,00%	1
Task 4	Conceito de retrabalho	908	1.845	3.720	3.345	0,5	1	2	1.500		99,00%	1
Task 5	Modificação de conceitos existentes...	908	1.845	2.783	3.345	0,5	1	1,5	1.500		99,00%	1
Task 6	Fase 2 Desenvolvimento	21.845	26.220	34.970	47.220	5	6	8	3.500		50,00%	1
Task 7	P&D-I Adicional	1.220	1.845	2.470	3.345	1	1,5	2	1.000		97,00%	1
Task 8	Aplicar PI externa	3.095	6.220	6.220	11.220	0,5	1	1	5.000		98,00%	1
Task 9	Manufatura	62.470	99.970	124.970	179.970	5	8	10	10.000		95,00%	1
Task 10	Reprototipado	9.970	14.970	19.970	26.970	1	1,5	2	8.000		35,00%	1
Task 11	Reformulação e retrabalho	9.970	14.970	19.970	26.970	1	1,5	2	8.000		98,00%	1
Task 12	Análise de mercado	149.970	187.470	299.970	337.470	4	5	8	30.000		90,00%	1
Task 13	Pesquisa de mercado adicional	12.470	24.970	37.470	44.970	1	2	3	10.000		95,00%	1
Task 14	Reposicionar	24.970	37.470	62.470	67.470	2	3	5	10.000		95,00%	1
	Total Projeto	**306.019**	**430.831**	**638.018**	**775.831**	**25**	**36,50**	**54**	**345.000**			

Figura 6.3: Chances de Sucesso

ROV PROJECT ECONOMICS ANALYSIS TOOL - [M:\Books\28 - Management Book VI - PM\Raw Figures and Models\Project Management Book - More Models (Spanish).rovproj.econ] — □ ×

Archivo Editar Proyecto Reporte Herramientas Idioma (Language) Decimales Ayuda

Bienvenido a ROV Project Economics Analysis Tool (PEAT). Este módulo permite gestionar proyectos de manera dinámica basado en un análisis de cronograma y costo. Con este módulo puede construir su propio diagrama de red, modelar e identificar la ruta crítica, aplicar simulación de Monte Carlo y aplicar análisis de sensibilidad dinámicos para determinar el costo y cronograma bajo incertidumbre.

Gestion de Proyecto Analítica Aplicada Simulación de Riesgo Estrategia de Opciones Valoración de Opciones Pronóstico Tablero de Comandos Centro de Conocimiento

Básico Subreceta Probabilidad Complejo Análisis de Portafolio

Seleccionar el Proyecto Programa & Modelo de Riesgo de Costo a usar: ◉ Camino secuencial   ○ Ruta de Red Compleja   Proyecto Nombre/Notas:

Programa & Costo

☑ Incluir Análisis de Costo basado en el programa   ☑ Realizar simulación de riesgo   Ensayos de simulación: 123   Correr   Correr Todos Proyectos
☑ Incluir sobrecoste de Presupuesto & Bufers   ☑ Aplicar valor semilla: Modificar 14   ☑ Actualización Auto   □ Correr Secuencialmente
☑ Incluir probabilidades de éxito de cada tarea y Modelar sus impactos   Tareas con   Semanalmente   Triangular

Tarea	Nombre Tarea	Costos (Costo Fijo)			Calculado	Horario (Semanas)			Variable	Sobrecoste	Probabilidad	Vinculado
		Mínimo	Más proba...	Máximo	Costo	Mínimo	Más proba.	Máximo	Semanalm...	Supuesto	de éxito	Eventos
Task 1	Conceptualización	1,845	2,783	5,595	5,536	1	1.5	3	1,500	10.00%	99.00%	
Task 2	Tiempo adicional para remodelar...	158	908	1,845	1,824	0.1	0.5	1	1,500	10.00%	95.00%	
Task 3	Iniciación	6,220	9,345	15,595	18,530	2	3	5	2,500	10.00%	93.00%	
Task 4	Concepto de reelaboración	908	1,845	3,720	3,345	0.5	1	2	1,500	0.00%	99.00%	
Task 5	Modificación de conceptos existen...	908	1,845	2,783	3,345	0.5	1	1.5	1,500	0.00%	99.00%	
Task 6	Fase 2 Desarrollo	21,845	26,220	34,970	47,220	5	6	8	3,500	0.00%	90.00%	
Task 7	I + D adicional	1,220	1,845	2,470	3,345	1	1.5	2	1,000	0.00%	97.00%	
Task 8	Aplicar IP externa	3,095	6,220	6,220	11,220	0.5	1	1	5,000	0.00%	88.00%	
Task 9	Fabricación	62,470	99,970	124,970	179,970	5	8	10	10,000	0.00%	95.00%	
Task 10	Reprototipado	9,970	14,970	19,970	26,930	1	1.5	2	8,000	0.00%	95.00%	
Task 11	Refundición y retrabajo	9,970	14,970	19,970	26,970	1	1.5	2	8,000	0.00%	93.00%	
Task 12	Análisis de mercado	149,970	187,470	299,970	371,217	4	5	8	30,000	10.00%	99.00%	
Task 13	Investigación de mercado adicional	12,470	24,970	37,470	49,467	1	2	3	10,000	10.00%	95.00%	
Task 14	Reposicionamiento	24,970	37,470	62,470	74,217	2	3	5	10,000	10.00%	95.00%	
	Total Proyecto	306,019	430,831	638,018	823,176	25	36.50	54	392,345			

10,000

Figura 6.4: Custos Orçamentários e Chances de Sucesso

Comparação de Resultados

As Figuras 6.5, 6.6 e 6.7 mostram a comparação dos resultados dos quatro modelos descritos acima. Aqui estão quatro observações-chave:

- O Cronograma do Projeto não mudou em todos os quatro modelos. Especificamente, os prazos esperados do projeto são todos idênticos (36,5 semanas). Posteriormente, as probabilidades simuladas nos horários são estatisticamente idênticas (cronograma médio simulado do projeto e cronograma de 90°) e estão sujeitos apenas a diferenças mínimas de arredondamento (38,2 semanas e 40,6 semanas, respectivamente), causadas pelo gerador de números aleatórios do processo de simulação.

- Os valores de estimativa de um ponto para os custos esperados do projeto para o modelo básico e o modelo de probabilidades de tarefas foram idênticos (US$775.831) porque a probabilidade só se aplica quando os testes são aplicados. Portanto, estimativas de ponto único revelariam valores idênticos. Além disso, o modelo de custo orçamentário e o modelo complexo com probabilidades e custos acima dos custos renderiam custos idênticos esperados do projeto (US$823.176), pois ambos incluem um custo orçamentário, o que naturalmente resultaria em custos mais altos do que o modelo básico (US$775.831).

- Os custos médios simulados do projeto para tarefas probabilísticas e o custo orçamentário sobre os custos (projeto complexo) mostraram valor significativamente reduzido (US$191.705 e US$198.606, respectivamente). Isso porque quando uma tarefa falha, todos os custos das tarefas subsequentes não são executados e o projeto termina. Assim, com um modelo de tarefa probabilística, há uma chance de que o projeto acabe em vários pontos, e os custos médios simulados refletirão isso. No entanto, um percentil 90° em custos continuará a produzir um valor mais alto, mas não tão alto quanto em modelos com tarefas não probabilísticas.

- Por fim, na Figura 6.7 vemos que os custos são tri modal, com três etapas potenciais de conclusão do projeto. Baixos insumos probabilísticos (50%, 35%) A Figura 6.4 delimita tarefas em três grupos (*Tarefas 1-5, 6-9 e 10-14*).

Arquivo(F) Editar(E) Projetos(P) Relatorio(R) Ferramentas(T) Idioma(Language) Decimais(D) Ajuda(H)

Welcome to the ROV Project Economics Analysis Tool (PEAT). This module will help you model your Project Management's Dynamic Risk-Based Schedule and Cost Analysis. It enables you to build your own Complex Task-Based Project Network, model and identify the Critical Path, and apply Monte Carlo Risk Simulation and Sensitivity Analysis to determine the cost and schedule uncertainties.

Gerenciamento de Projetos   Análise Aplicada   Simulação de Risco   Análise de Estratégias   Valoração/Opções Reais   Previsão   Painel   Central de Instruções

Básico   Sobrecusto   Probabilidade   Completo   Análise de Portfólio

Análise de Alternatives (sem Caso Base)
Análise Incremental (Escolha um Caso Base)

Básico

Executar sequencialmente
Executar Todos Projetos

90,00%

Resultados Económicos	Básico	Sobrecusto	Probabilidade	Completo
Custo Esperado do Projeto	775,831	823,176	775,831	823,176
Cronograma Esperado do Projeto	36,50	36,50	36,50	36,50
Custo Médio do Projeto Simulado	824,954	878,548	191,705	198,606
Cronograma Médio do Projeto Simulado	38,18	38,20	38,22	38,21
Custo Esperado Provável Excederá	85,51%	86,32%	9,58%	9,19%
Cronograma Esperado Provável Excedera	81,07%	80,76%	81,45%	81,16%
90,00% Custo em Percentil	886,053	945,071	770,055	809,163
90,00% Cronograma em Percentil	40,64	40,63	40,67	40,64

Custo Esperado do Projeto   Custo Esperado Provável Excederá   90,00% Custo em Percentil
90,00% Custo em Percentil   Ver Portfólio de Investimento   90,00% Custo em Percentil
Gráficos...   Copiar Gráfico   Gráficos...   2D Barra   Copiar Gráfico

Ver Portfólio de Investimento

90,00% Custo em Percentil

- Básico
- Sobrecusto
- Probabilidade
- Completo

960.000
900.000
850.000
800.000
750.000
770.000 780.000 790.000 800.000 810.000 820.000 830.000
Custo Esperado do Projeto

90,00% Custo em Percentil

1.000.000
800.000
600.000
400.000
200.000
0
Básico   Sobrecusto   Probabilidade   Completo
Projetos (#P)

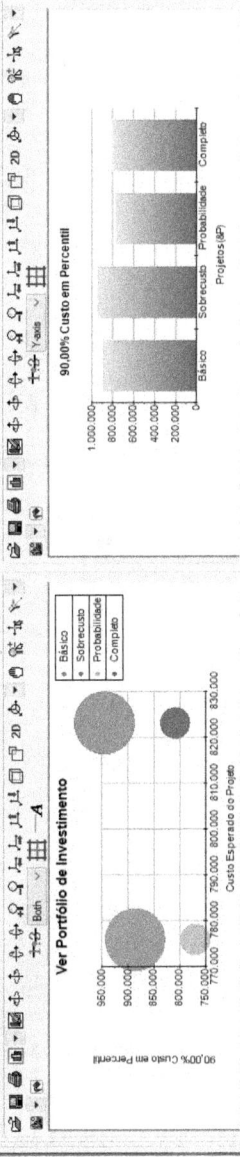

Figura 6.5: Análise Comparativa

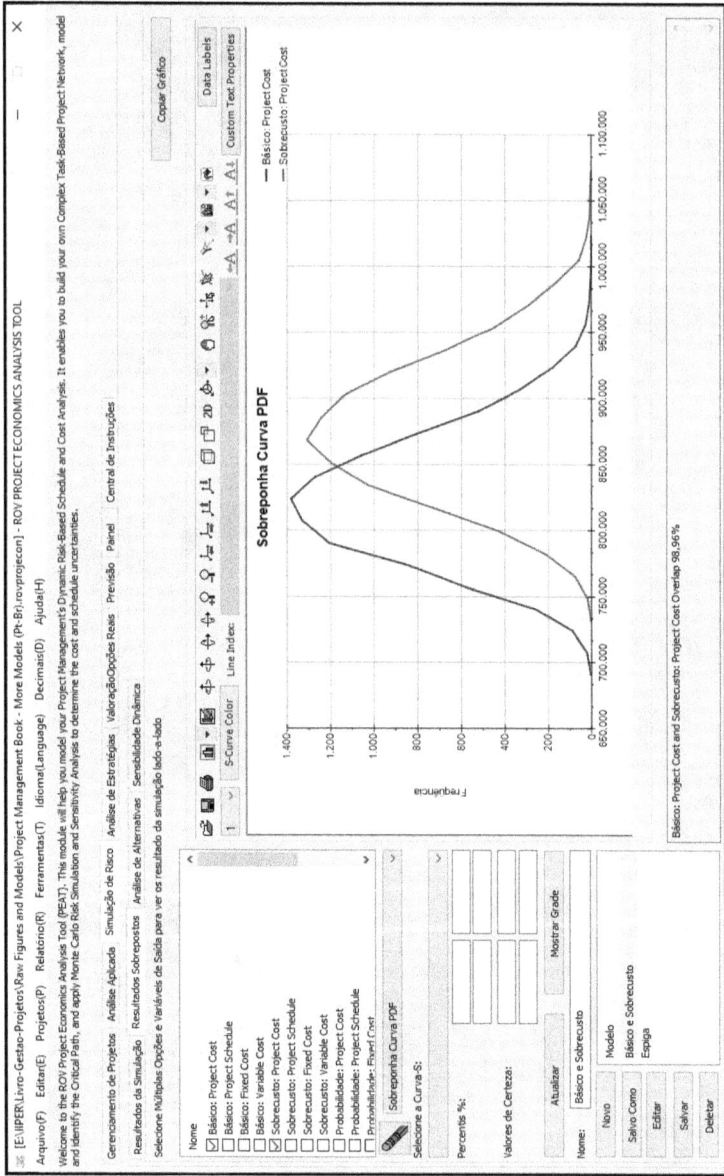

Figura 6.6: Sobreposição de Modelos Básicos e com Sobrecusto

ROV PROJECT ECONOMICS ANALYSIS TOOL - [E\IIPER\Livro-Gestao-Projetos\Raw Figures and Models\Project Management Book - More Models (Pt-Br)\rov-projecon]

Arquivo(F) Editar(E) Projetos(P) Relatório(R) Ferramentas(T) Idioma(Language) Decimais(D) Ajuda(H)

Welcome to the ROV Project Economics Analysis Tool (PEAT). This module will help you model your Project Management's Dynamic Risk-Based Schedule and Cost Analysis. It enables you to build your own Complex Task-Based Project Network, model and identify the Critical Path, and apply Monte Carlo Risk Simulation and Sensitivity Analysis to determine the cost and schedule uncertainties.

Gerenciamento de Projetos   Análise Aplicada   Simulação de Projetos   Análise de Risco   Análise de Estratégias   Valoração\Opções Reais   Previsão   Painel   Central de Instruções

Resultados da Simulação   Resultados Sobrepostos   Análise de Alternativas   Sensibilidade Dinâmica

Selecione o Projeto e a à Variável de Saída:

Completo: Project Cost

Bar Type: Bar   Bar Color   Line Index: 2D   S-Curve Color
                                                      Data Labels   Custom Text Properties

Complex: Project Cost

Estatísticas/Percentil	Valor
Cenários	9.906
Média	198.606,45
Mediana	39.774,43
Des/Padrão	268.812,92
CV	135,35%
Assimetria	1,7536
Curtose	1,9189
Mínimo	4.205,67
Máximo	1.032.974,73
Intervalo	1.028.769,06
0%	4.205,67
5%	7.638,45
10%	9.807,77
20%	33.519,00
30%	35.568,82
40%	37.448,40

Nome: Trimodal Custo

Modelo
Trimodal Custo

Novo   Salvar Como   Editar   Salvar   Deletar   ++   [ ] [ ]   Decimais

☑ Ao salvar, inclua dados e resultados simulados (isso pode resultar em uma resposta mais lenta e em um tamanho maior de arquivos)

Abrir   Salvar

Frequência

4.500,00
4.000,00
3.500,00
3.000,00
2.500,00
2.000,00
1.500,00
1.000,00
500,00
0,00
4.205,67   209.959,48   415.713,29   621.467,10   827.220,91   1.032.974,73

Mostrar Linhas Verticais em:
Percentis %:
Valores de Certeza:
☑ Mostrar info.

PDF Histograma   Atualizar

Copiar Gráfico   Mostrar Grade

Calcule e Mostre as linhas em:
Percentis: 90,00   %
Confiança: 809.163,13

☑ Mostrar info.   Extrair dados da Simulação

Cauda Esq. <=   %

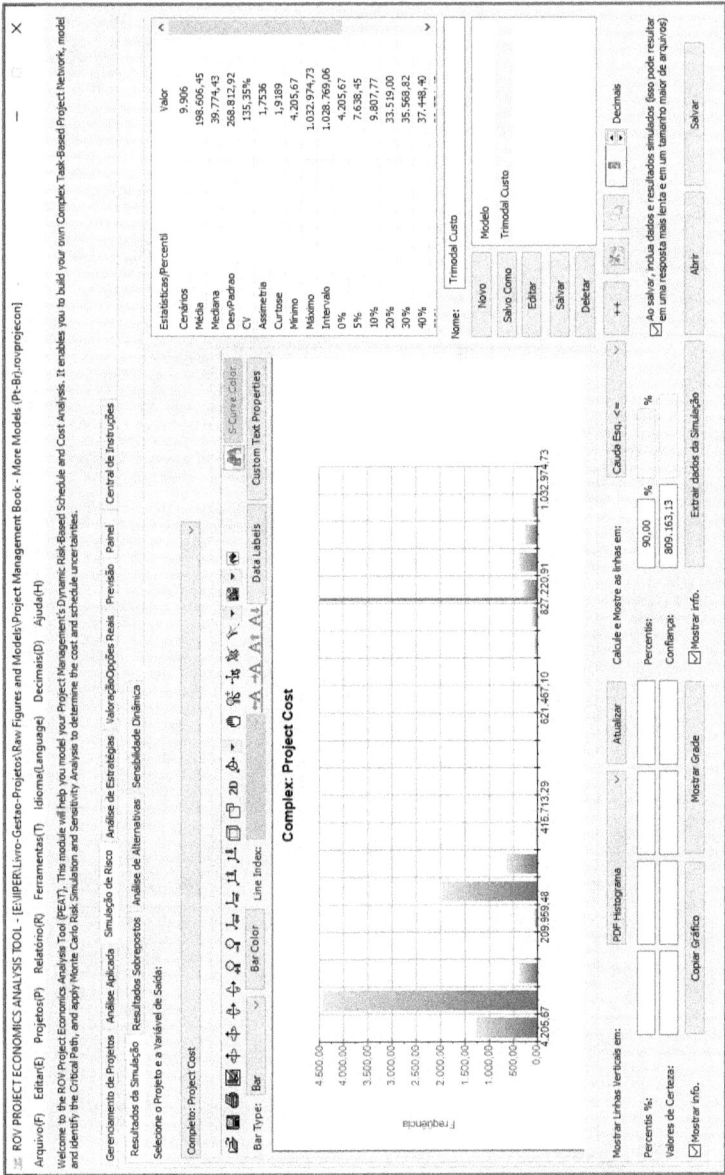

Figura 6.7: Estrutura Simulada de Custo Tri Modal

ROV PROJECT ECONOMICS ANALYSIS TOOL - [E:\IJPER\Livro-Gestao-Projetos\Raw Figures and Models\Project Management Book - More Models (Pt-Br).rovprojecon]

Arquivo(F) Editar(E) Projeto(P) Relatório(R) Ferramentas(T) Idioma(Language) Decimais(D) Ajuda(H)

Welcome to the ROV Project Economics Analysis Tool (PEAT). This module will help you model your Project Management's Dynamic Risk-Based Schedule and Cost Analysis. It enables you to build your own Complex Task-Based Project Network, model and identify the Critical Path, and apply Monte Carlo Risk Simulation and Sensitivity Analysis to determine the cost and schedule uncertainties.

Gerenciamento de Projetos Análise Aplicada Simulação de Risco Análise de Estratégias Valoração/Opções Reais Previsão Painel Central de Instruções

Resultados da Simulação Resultados Sobrepostos Análise de Alternativas Sensibilidade Dinâmica

Você pode comparar os resultados simulados de todas as suas Opções/Projetos. Primeiro a simulação deve ser executada, antes que possa obter algum resultado. Escolha se deseja comparar todas as Opções (análise de alternativas) ou contra uma referência (Análise Incremental).

ANÁLISES DE ALTERNATIVAS E ANÁLISES INCREMENTAIS SOBRE CASO REFERÊNCIA

◉ Análise de Alternativas(sem Caso Base)   ○ Análise Incremental(escolha um Caso Base)

Resultados

OPÇÕES	Básico	Sobrecusto	Probabilidade	Completo
Média	824.954,06	878.547,90	191.704,94	198.606,45
Mediana	823.295,25	876.466,56	36.881,18	39.774,43
DesvPadrao	45.666,16	50.044,23	255.187,72	268.812,92
Variância	2,09E+009	2,50E+009	6,51E+010	7,23E+010
CV	5,54%	5,70%	133,11%	135,35%
Assimetria	0,2107	0,1989	1,6680	1,7536
Curtose	-0,2287	-0,2515	1,6313	1,9189
Mínimo	690.743,91	731.373,83	3.729,92	4.205,67
Máximo	1.022.978,35	1.073.266,53	952.636,53	1.032.974,73
Intervalo	332.234,43	341.892,71	948.906,62	1.028.769,06
0% Percentil	690.743,91	731.373,83	3.729,92	4.205,67
5% Percentil	753.053,01	799.581,87	6.851,11	7.638,45
10% Percentil	766.583,63	815.371,46	8.612,31	9.807,77
20% Percentil	785.004,79	834.102,15	30.841,15	33.519,00
30% Percentil	798.551,49	850.087,61	32.972,26	35.568,82
40% Percentil	810.889,18	863.215,42	34.676,14	37.448,40
50% Percentil	823.295,25	876.466,56	36.881,18	39.774,43
60% Percentil	835.461,82	889.936,84	96.704,21	97.322,28
70% Percentil	848.625,79	904.651,48	262.466,22	264.918,65
80% Percentil	864.432,31	921.805,14	281.622,72	283.605,34
90% Percentil	886.052,74	945.071,43	770.055,43	809.163,13
95% Percentil	903.417,19	964.567,70	828.463,19	883.970,54
100% Percentil	1.022.978,35	1.073.266,53	952.636,53	1.032.974,73

Project Cost (Options)

2 Decimais

2D Barra   Copiar Gráfico

Figura 6.8: Custo Esperado e Volatilidade do Projeto

7

MODELOS DE DEFINIÇÃO DE PREÇOS USANDO CUSTOS, RISCOS E OPORTUNIDADES

Às vezes, a modelagem de tarefas não é usada para fins de organização de agendamento, mas para calcular o custo. Por exemplo, ao participar de uma licitação do governo, uma empresa pode ser solicitada a apresentar uma estimativa de custos e preparar sua oferta com base no modelo de estimativa de custos. Desenvolver uma estimativa de custo incorreta pode resultar em perda de tal licitação (oferta excessiva a um custo incorretamente inflado) ou levando à perda de dinheiro com uma oferta abaixa em um projeto sub orçado).

Modelos de Custos na Estrutura de Decomposição do Trabalho

Tradicionalmente, em um modelo de custeio e precificação, evitamos um modelo complexo porque modelos complexos são importantes na estimativa do cronograma, enquanto as estimativas de custos exigem a soma de todos os custos, independentemente de uma tarefa específica estar no caminho crítico. Portanto, a abordagem tradicional de preços emprega uma estrutura de quebra de trabalho (WBS[1]) que pressupõe que todas as tarefas sejam

---

[1] Em Gerência de projetos, uma Estrutura Analítica de Projetos, do Inglês, WBS -*Work Breakdown Structure*- é um processo de subdivisão das entregas e do trabalho do projeto em componentes menores e mais facilmente gerenciáveis.

executadas sequencialmente, e diferenciais de risco são usados para configurar corridas de simulação de risco Monte Carlo.

Custo + Risco - Oportunidades

Normalmente, o WBS lista as tarefas a serem executadas e estas constituirão os custos do programa. Às vezes, eles se somam à análise de custos, elementos de risco, bem como oportunidades. Especificamente, os elementos de risco são considerados custos agregados (p.ex., risco de retrabalho ou risco de aumento nos preços das matérias-primas), enquanto as oportunidades de impacto positivo são consideradas uma redução dos custos (p.ex., um fluxo de receita potencial). Portanto, o custo total do programa é tradicionalmente referido como WBS *Custo* + *Risco Adicional - Oportunidades de Impacto Positivo*.

Módulo de Fixação de Custos no PEAT

Nas Figuras 7.1-7.4 vemos o uso do módulo de fixação de custos com *Curva-S* do PEAT para executar a simulação de custos do WBS em relação a custos, riscos e oportunidades. Os seguintes parágrafos fornecem algumas informações adicionais sobre como o modelo é configurado e como ele é executado no software:

- *Pressupostos de entrada*. É aqui que você entra no programa, Custos, Riscos, Oportunidades e Diferenciais de Risco.

- *Simulação de Risco*. Este é o coração da ferramenta onde a simulação de risco é realizada e onde as Curvas S resultantes são obtidas, incluindo todas as estatísticas auxiliares.

- *Retorno sobre as Vendas*. Este módulo calcula os diferentes tipos de contratos de licitação com o governo, como custo mais taxa de premiação, custo mais taxa de incentivo, custo mais taxa fixa, preço fixo firme com incentivo, e preço fixo com Incentivos de Conformidade Objetiva e utiliza os resultados de percentis de risco simulado sem seus cálculos.

- *Gama de resultados financeiros*. Este módulo pega os resultados da guia Retorno de Vendas (ROS) e fornece um resumo da gama de resultados financeiros e retorna as informações mais críticas do modelo ROS.

- *Centro de Conhecimento.* Este módulo inclui um conjunto rápido de Lições de Curva S (conceitos básicos para interpretar S-Curves), Home Videos (lições rápidas e introduções sobre como usar a ferramenta) e Procedimentos Passo-a-Passo (isso inclui passos rápidos para usar a ferramenta. Isso dá ao analista a vontade de começar em vez de ter que ler manuais longos do usuário).

No software, clique em *Arquivo|Carregar Exemplo* para executar um exemplo padrão com configurações e dados pré-configurados (Figura 7.1). Por padrão, a primeira guia que aparece é a guia *Pressupostos de Entrada,* que exibe as subguias com *Custos, Riscos, Oportunidades* e *Tabelas de Diferenciais* cujos dados foram previamente inseridos e salvos.

No subguia *Custos,* certos dados já existem para você começar. Você pode, em seu próprio modelo, digitar manualmente os dados ou copiá-los e colá-los na grade. Basta copiar e colar seus dados de outra fonte (como um arquivo de texto, documento do Word, arquivo Excel etc.), selecionar a célula ou células que deseja colar e pressionar *Editar,* ou *Colar* ou clique com o botão direito do mouse e selecione *Colar.* Digite ou cole seus elementos de custo WBS e Valor Esperado, e selecione o Diferencial de Risco mais apropriado para cada linha WBS.

Repita os mesmos passos acima nas subguia de *Risco* e *Oportunidade.* No entanto, nessas subguia, há uma coluna extra chamada Probabilidade que requer uma entrada.

O compartilhamento de entrada de dados desta ferramenta é relativamente simples, mas aqui estão algumas dicas úteis para aumentar sua produtividade ao usar esta ferramenta:

- Colunas que são entradas aparecem *em branco,* enquanto células/colunas calculadas aparecem em cinza *claro.* Da mesma forma, não ser capaz de clicar em uma célula e digitar o valor indica que a célula ou coluna é uma saída calculada (p.ex., Colunas *Baixas/Altas* calculadas).

- A seleção do *Diferencial* da lista de implantação calculará automaticamente as colunas calculadas *Alto/Baixo* com base no nível diferencial e no tipo de distribuição selecionado. Os *spreads* são baseados no subguia *Tabelas Diferenciais*, que explicaremos mais adiante.

- A coluna *Valor Esperado* é para dados de entrada do usuário e compreende os valores de entrada estática, enquanto a coluna Simulação corresponderia aos resultados calculados/simulados. Quando executamos uma simulação de risco nos próximos passos, você verá os valores nesta coluna mudarem dinamicamente.

- O padrão é exibir 100 linhas, mas você pode alterar o número de linhas para visualizá-lo conforme necessário. O mesmo se aplica ao número de casas decimais exibidas (o padrão é 0 casas decimais, onde os valores são arredondados para o dólar mais próximo). Certifique-se de ter linhas suficientes antes de colar os dados, caso contrário, algumas linhas de dados podem estar faltando. Depois de colar os dados certifiquem-se de não reduzir o número de linhas para um número menor de linhas de dados que você tem (é claro, você receberá uma mensagem de aviso se isso ocorrer), pois alguns dados podem ser acidentalmente excluídos.

- Você também pode *Redefinir Todos os Diferenciais* ao mesmo tempo, usando a lista de *drop-down* no canto superior direito da interface do usuário. Isso redefinirá todos os *Spreads* para a subguia.

- *Arquivos | Criptografia de Dados* e a *Descriptografia* permitem proteger seus dados.

- Colar os dados só funcionará em células de entrada *brancas*. Você não pode colar dados em células calculadas ou listas coladas, como Diferenciais de Risco.

- *Edição | Editar lista de Redução Diferencial* permite configurar quais diferenciais de risco estão disponíveis nas subguias *Custo*, *Risco* ou *Oportunidade*.

- Você pode clicar nos cabeçalhos para classificar os dados. No entanto, para facilitar a classificação do conjunto de dados sem linhas vazias, a ferramenta reduzirá automaticamente o número de linhas visíveis para corresponder ao número de linhas de dados disponíveis antes da classificação. Ao classificar, você pode ver itens WBS agrupados por diferenciais de risco ou organizados em termos de valor esperado, e assim por diante.

- A lista desistências dos *Diferenciais* pode ser copiada e colada. Ou seja, você pode selecionar um *spread* para um jogo específico, clicar com o botão direito do mouse em *Copiar* e, em seguida, selecionar várias outras linhas e clicar com o botão direito do mouse para colar o mesmo diferencial de risco. Isso é útil quando a estrutura do WBS é grande.

A guia *Diferenciais de Risco Padrão* é inserida na subguia *Tabelas Diferenciais* (Figura 7.4) da guia *Pressupostos de Entrada*. Continuando com o mesmo exemplo, clique no subguia de *Tabelas Diferenciais* na guia principal de *Suposições de Entrada.*

O subguia *Triangular* mostra distribuições *Simétricas,* com *Assimetria Esquerda* e *Assimetria Direita* para uma distribuição Triangular, e os 7 níveis de risco de cada tipo de distribuição com assimetria. Você pode substituir esses valores baixos e altos do diferencial de risco, mas lembre-se de pressionar *Arquivo| Salvar* para manter suas alterações ou clique no botão *Restaurar diferenciais padrão* no caso de cometer um erro.

Aqui estão algumas notas importantes para ter em mente relacionadas às tabelas de risco diferencial:

- Na subtab **Normal** vemos os níveis de risco diferencial da distribuição normal, como no subtab **Triangular**, onde você pode alterar os *spreads* conforme necessário ou manter os valores padrão.

- Em contrapartida, a subguia o *Programa Específico* ou *personalizado* ou permite que você insira seus próprios *Nomes de Nível de Risco* e *Diferenciais de Nível de Risco* específicos para o programa em avaliação, até 20 níveis de risco.

- Quando você edita ou digita *Diferenciais Personalizados,* ele os *Salva Automaticamente* sem perguntar. Quando você reabrir a ferramenta de software da próxima vez, os diferenciais personalizados inseridos estarão presentes.

- Você pode *Editar/Alterar* os diferenciais padrão indo para a pasta de instalação do caminho e editando o arquivo *Diferenciais Padrão.xml* diretamente. Você pode editar este arquivo no *Bloco de Notas* o ou no *Word,* mas tenha cuidado ao fazê-lo, pois os *spreads* padrão atuais são baseados nas diretrizes do Manual de Análise de Custos da Força Aérea. Os *spreads* na ferramenta não podem ser editados diretamente para evitar erros do usuário.

- Uma *Nova Subcategoria* está disponível em categorias personalizadas. Esta *Nova Subcategoria* só cria uma linha vazia desprovida de entradas numéricas. O que você entra nesta linha não é usado ou calculado, pois é usado apenas como uma separação visual, como se o usuário quisesse dizer que a próxima seção é Nível Consolidado 3 ou WBS Consolidado Nível 2 ou um grupo/categoria de dados separado dentro do WBS. Isso não está disponível por padrão, mas pode ser facilmente ativado. Ele simplesmente vai para *Editar | Editar lista Diferencial* e selecionar *Nova subcategoria* na parte inferior.

- Se você escolher a *Sem Seleção* para um diferencial de risco (p.ex., ou algo não está selecionado ou a linha em branco é selecionada) este item será completamente removido da combinação de cálculo. Em outras palavras, a não seleção é como um marcador para o usuário incluir temporariamente um jogo, mas as entradas não são usadas em cálculos... isso dá ao usuário alguma flexibilidade! Compare isso com a seleção da lista suspensa *Não Risco,* o que significa que este item não é simulado, mas o valor de entrada de ponto único esperado ainda é usado nos cálculos.

File   Edit   Help

This S-Curve tool allows you to enter in Costs, Risks and Opportunities, as well as their respective expected values and risk spreads, and run a Monte Carlo risk simulation based on the selected distributional skew and risk spread. The results will be presented as S-Curves (cumulative distribution function) and histograms (probability density functions).

Input Assumptions   Risk Simulation   Return on Sales (ROS)   Range of Financial Outcomes   Knowledge Center

Cost   Risk   Opportunity   Spread Tables

Enter the Cost, Risk, and Opportunity item names, their respective expected values, and the desired risk spread. The risk spreads will be automatically computed and Monte Carlo Risk Simulation will be applied on the computed distributions.

Grid: 500   Rows   Reset All Spreads with:
Show   0   Decimals

N	ID	Item Name	Impact ($)	Spread	Computed Low	Computed High	Simulation
TOTAL			$320,000		$223,379	$610,354	
1	1	Automated Information System (AIS) Developed		NEW SUBCATEGORY			
2	1.1	Automated Information System Prime Mission Product Release/Increment 1..n (Specify)		NEW SUBCATEGORY			
3	1.1.1	Custom Application 1..n (Specify)		NEW SUBCATEGORY			
4	1.1.1.1	Custom Application 1..n (Specify) Subsystem Hardware 1..n (Specify)		NEW SUBCATEGORY			
5	1.1.1...	Custom Application 1..n (Specify) Subsystem Hardware 1..n (Specify) Hardware Product Engineering	$50,000	Triangular (Right Skew): Very High	$22,465	$132,665	
6	1.1.1...	Custom Application 1..n (Specify) Subsystem Hardware 1..n (Specify) Hardware Configuration Item (HWCI) 1..n (Specify)		NEW SUBCATEGORY			
7	1.1.1...	Custom Application 1..n (Specify) Subsystem Hardware 1..n (Specify) HWCI 1..n (Specify) Hardware Requirements	$10,000	Triangular (Right Skew): Low	$8,170	$15,515	
8	1.1.1...	Custom Application 1..n (Specify) Subsystem Hardware 1..n (Specify) HWCI 1..n (Specify) Hardware Architecture and Design	$10,000	Triangular (Right Skew): Average	$7,554	$17,353	
9	1.1.1...	Custom Application 1..n (Specify) Subsystem Hardware 1..n (Specify) HWCI 1..n (Specify) HW Prototyping	$10,000	Triangular (Right Skew): Medium	$6,938	$19,190	
10	1.1.1...	Custom Application 1..n (Specify) Subsystem Hardware 1..n (Specify) HWCI 1..n (Specify) COTS/GOTS HW Component Identification	$10,000	Triangular (Right Skew): Above Average	$6,322	$21,027	
11	1.1.1...	Custom Application 1..n (Specify) Subsystem Hardware 1..n (Specify) HWCI 1..n (Specify)	$10,000	Triangular (Right Skew): High	$5,705	$22,864	

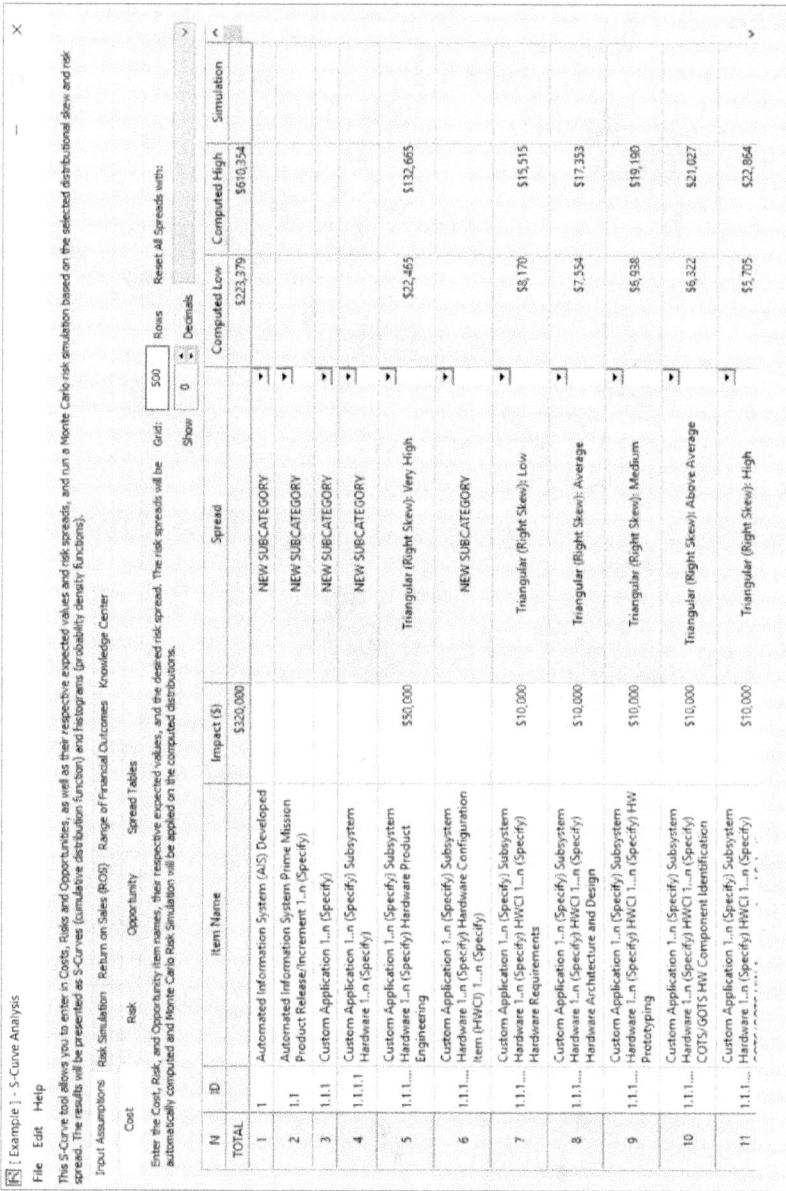

Figura 7.1: Custos da Estrutura de Decomposição do Trabalho através de preços de Curva S

Input Assumptions | Risk Simulation | Return on Sales (ROS) | Range of Financial Outcomes | Knowledge Center

Cost | Risk | Opportunity | Spread Tables

Enter the Cost, Risk, and Opportunity item names, their respective expected values, and the desired risk spread. The risk spreads will be automatically computed and Monte Carlo Risk Simulation will be applied on the computed distributions.

Grid: 500 Rows
Show: 0 Decimals

Reset All Spreads with:

N	ID	Item Name	Impact ($)	Spread	Computed L
TOTAL			$320,000		$22...
1	1	Automated Information System (AIS) Developed		NEW SUBCATEGORY	
2	1.1	Automated Information System Prime Mission Product Release/Increment 1..n (Specify)		NEW SUBCATEGORY	
3	1.1.1	Custom Application 1..n (Specify)		NEW SUBCATEGORY	
4	1.1.1.1	Custom Application 1..n (Specify) Subsystem Hardware 1..n (Specify)		NEW SUBCATEGORY	
5	1.1.1...	Custom Application 1..n (Specify) Subsystem Hardware 1..n (Specify) Hardware Product Engineering	$50,000	Triangular (Right Skew): Very High	$2...
6	1.1.1....	Custom Application 1..n (Specify) Subsystem Hardware 1..n (Specify) Hardware Configuration Item (HWCI) 1..n (Specify)		NEW SUBCATEGORY	
		Custom Application 1..n (Specify) Subsystem			

Triangular (Symmetrical): Very High
Triangular (Symmetrical): High
Triangular (Symmetrical): Above Average
Triangular (Symmetrical): Medium
Triangular (Symmetrical): Average
Triangular (Symmetrical): Low
Triangular (Symmetrical): Very Low
Triangular (Left Skew): Very High
Triangular (Left Skew): High
Triangular (Left Skew): Above Average
Triangular (Left Skew): Medium
Triangular (Left Skew): Average
Triangular (Left Skew): Low
Triangular (Left Skew): Very Low
Triangular (Right Skew): Very High
Triangular (Right Skew): High
Triangular (Right Skew): Above Average
Triangular (Right Skew): Medium
Triangular (Right Skew): Average
Triangular (Right Skew): Low
Triangular (Right Skew): Very Low
NO RISK

Figura 7.2: Simulação de Diferenciais de Assunção

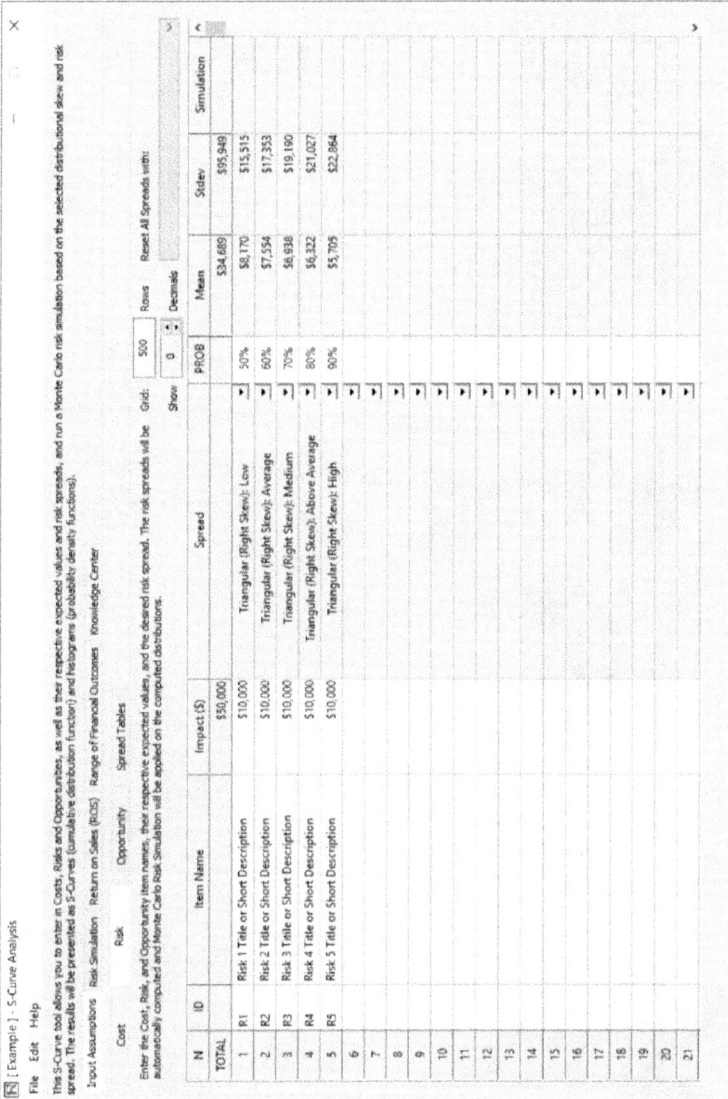

Figura 7.3: Riscos

This S-Curve tool allows you to enter in Costs, Risks and Opportunities, as well as their respective expected values and risk spreads, and run a Monte Carlo risk simulation based on the selected distributional skew and risk spread. The results will be presented as S-Curves (cumulative distribution function) and histograms (probability density functions).

Input Assumptions   Risk Simulation   Return on Sales (ROS)   Range of Financial Outcomes   Knowledge Center

Cost   Risk   Opportunity   Spread Tables

The default risk spread settings are provided below. You can enter your own spreads if required but we recommend using the default spreads.

Reload Default Spreads

N	Triangular			Normal			Program Specific (Custom)		
	Symmetrical	Low	High	Left Skew	Low	High	Right Skew	Low	High
1	Very High	0.0000	2.1018	Very High	0.0000	1.5319	Very High	0.4493	2.6533
2	High	0.1421	1.8579	High	0.0000	1.4227	High	0.5705	2.2864
3	Above Average	0.2648	1.7352	Above Average	0.0000	1.3645	Above Average	0.6322	2.1027
4	Medium	0.3875	1.5125	Medium	0.0810	1.3062	Medium	0.6938	1.9190
5	Average	0.5103	1.4898	Average	0.2648	1.2446	Average	0.7554	1.7353
6	Low	0.6330	1.3670	Low	0.4485	1.1830	Low	0.8170	1.5515
7	Very Low	0.7558	1.2443	Very Low	0.6323	1.1214	Very Low	0.8786	1.3678

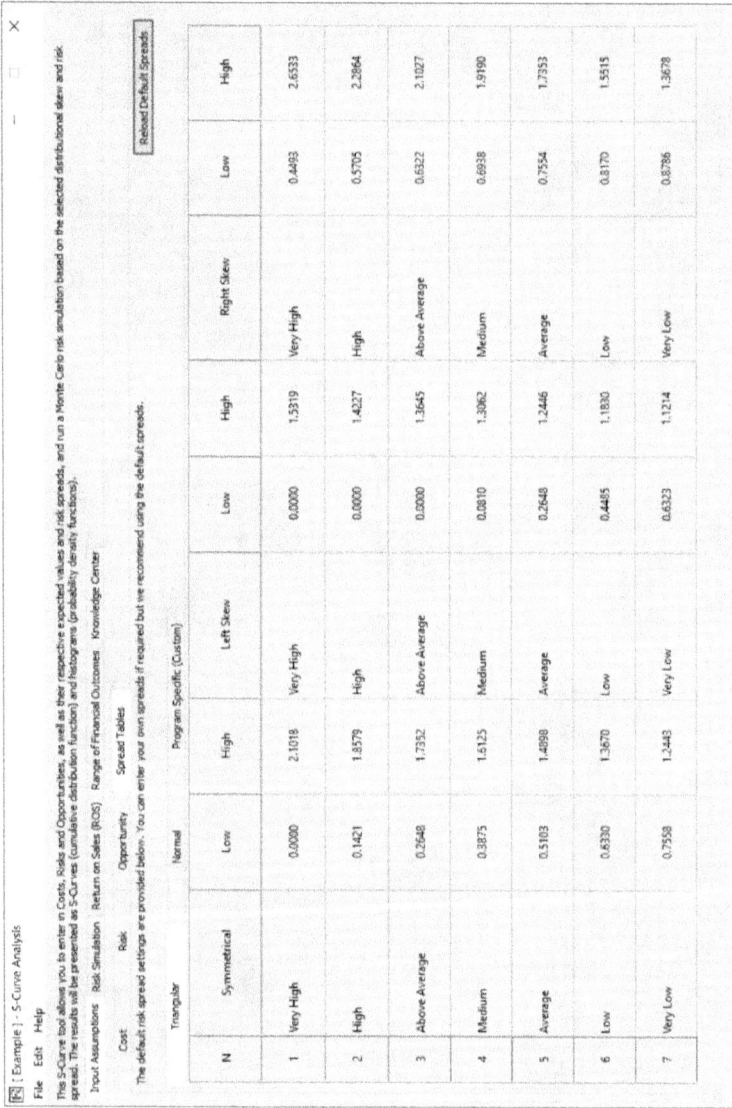

Figura 7.4: Simulação de Tabelas Diferenciais

Interpretação dos Resultados

Na Figura 7.5 apreciamos os resultados da simulação de risco Monte Carlo. A função CDF ou função de distribuição acumulada mostram uma forma típica de Curva-S. Dependendo do tomador de decisão, o nível característico utilizado em um concurso é entre percentis 75 e 85. No exemplo atual, o percentil 80° corresponde a um preço de oferta de US$433.665. Este resultado não seria possível e não pode ser obtido sem a execução da simulação. Por exemplo, as estimativas de um ponto único dariam um total de US$223.379 somando todos os valores mínimos e US$610.354 se todos os valores máximos do WBS forem somados.

File   Edit   Help

This S-Curve tool allows you to enter in Costs, Risks and Opportunities, as well as their respective expected values and risk spreads, and run a Monte Carlo risk simulation based on the selected distributional skew and risk spread. The results will be presented as S-Curves (cumulative distribution function) and histograms (probability density functions).

Input Assumptions   Risk Simulation   Return on Sales (ROS)   Range of Financial Outcomes   Knowledge Center

Run the simulation and review the S-Curve results in the tabs. We recommend using the default settings for simplicity but you can always modify the settings and try out the various S-Curve settings.

Total CRO   Total Cost   Total Risk   Total Opportunity   Overlay

Simulation Trials   10000

☑ Seed Value (Optional)   123   Run Simulation

Bar Type: Bar   Bar Color   Line Index: 100%   S-Curve Color

Data Labels...   Custom Text Properties

Percentile	Value
0%	271,227
5%	374,232
10%	381,540
20%	389,823
30%	396,734
40%	402,717
50%	409,106
60%	416,436
70%	424,121
80%	433,666
90%	446,913
95%	457,504
100%	609,730

Statistics	Value
Trials	10,000
Mean	411,834
Median	409,106
Stdev	26,914
Variance	724,383,349
CV	6.54%
Skew	0.4362
Kurtosis	1.8330
Minimum	271,227
Maximum	609,730
Range	338,502

Show Gridlines   Copy Chart   Copy Results   0 Decimals

Extract Simulation Data   Open Simulation Results

Create S-Curve in Excel   Save Simulation Results

S-Curve   Update   Two Tails

Percentiles %: 20.00   50.00   80.00   Percentiles: % 80 %

Certainty Values: 433,665.62

Confidence: 433,665.62

(Chart: Cumulative Probability vs values 271227, 321227, 371227, 421227, 471227, 521227, 571227, 621227)
20%: 389,623   50%: 409,106   80% 433,666 (BID)

Gráfico 7.5: Simulando preços com a Curva S

[Example] - S-Curve Analysis

File   Edit   Help

This S-Curve tool allows you to enter in Costs, Risks and Opportunities, as well as their respective expected values, and run a Monte Carlo risk simulation based on the selected distributional skew and risk spread. The results will be presented as S-Curves (cumulative distribution function) and histograms (probability density functions).

Input Assumptions   Risk Simulation   Return on Sales (ROS)   Range of Financial Outcomes   Knowledge Center

STEP 1: Select the S-Curve:
○ Cost + Risk - Opportunity
○ Cost   ○ Risk   ○ Custom

STEP 2: Select the Contract Type
○ Cost Plus Award Fee
○ Cost Plus Incentive Fee
○ Cost Plus Fixed Fee
● Firm Fixed Price
○ Fixed Price Incentive Firm

STEP 3: Enter the following information:
☑ Divide S-Curve Percentiles by   1

Bid Cost/Target Cost	$434,131.86
Award Fee (%)	
Fixed Fee (%)	
Profit (%)	15.00%
MIN Target Cost Profit (%)	
Target Cost Profit (%)	
MAX Target Cost Profit (%)	
Buyer Share Ratio Underrun	
Buyer Share Ratio Overrun	
Ceiling Price (% of Target Cost)	

STEP 4: Compute   2 Decimals
☐ Compute and Show All Models in ROFO
[Compute] [Copy] [View All]

ROS Thresholds

	COST	COST + RISK	COST + RISK - OPP	CUSTOM
0%	251,402.30	280,737.54	271,227.45	
10%	354,348.34	396,832.26	381,539.96	
20%	362,598.88	405,002.19	389,823.25	
30%	369,200.13	411,674.68	396,734.09	
40%	374,910.63	417,738.79	402,717.37	
50%	381,335.23	423,997.75	409,105.84	
60%	388,464.49	431,316.11	416,436.18	
70%	396,265.34	439,055.96	424,120.80	
80%	405,873.54	448,499.55	433,665.62	
90%	418,753.05	461,575.80	446,912.59	
100%	568,698.50	632,820.95	609,729.68	

Share Ratio

Buyer   Seller   Bid:

	Target	Percentile	Profit	Price
	$434,131.86	80.35%		
Underrun				
Overrun	$434,131.86			

Percentiles:	0%	10%	20%	30%	40%	50%	60%	70%	80%	90%	100%	PTA	Ceiling
Profit	$271,227.45	$381,539.96	$389,823.25	$396,734.09	$402,717.37	$409,105.84	$416,436.18	$424,120.80	$433,665.62	$446,912.59	$609,729.68		
Target Cost	$434,131.86	$434,131.86	$434,131.86	$434,131.86	$434,131.86	$434,131.86	$434,131.86	$434,131.86	$434,131.86	$434,131.86	$434,131.86	$434,131.86	$434,131.86
Final Cost	$271,227.45	$381,539.96	$389,823.25	$396,734.09	$402,717.37	$409,105.84	$416,436.18	$424,120.80	$433,665.62	$446,912.59	$609,729.68		
	Underrun	Underrun	Underrun	Underrun	Underrun	Underrun	Underrun	Underrun	Overrun	Overrun	Same	Same	
Cost Delta (Final - Target)	$162,904.41	$52,591.90	$44,308.61	$37,397.77	$31,414.49	$25,026.02	$17,695.68	$10,011.06	$466.24	-$12,780.73	-$175,597....		

Figura 7.6: Análise CRO com base em tipos de contrato

8

CONSTRUÇÃO DE UMA NOVA CASA

Este capítulo apresenta um exemplo de gerenciamento de projetos ao construir uma nova casa. Em vez de usar tarefas genéricas 1, 2 e assim por diante, como visto em capítulos anteriores, este exemplo de construção de uma casa fornece uma ilustração mais prática do módulo PM em PEAT, agora que você está familiarizado com seus algoritmos e funcionalidades.

O exemplo a seguir pressupõe que um casal decidiu construir a nova casa de seus sonhos no norte da Califórnia. A terra de 0,5 acres que planejam comprar custa 800 mil dólares. As negociações finais e o contrato ainda estão pendentes. Enquanto isso, o casal está trabalhando com um empreiteiro geral para desenvolver um plano para construir sua nova casa.

Passos para construir uma nova casa

Após várias consultas com o empreiteiro geral, as seguintes tarefas foram realizadas em seu plano de projeto. Os itens que têm um * devem ser executados em paralelo.

Tarefa 1	Compra de terreno
Tarefa 2	Planos Arquitetônicos
Tarefa 3	Financiamento*
Tarefa 4	Alvarás e Permissões*
Tarefa 5	Tour de Orientação Inicial
Tarefa 6	Escavação
Tarefa 7	Sapatas

Tarefa 8   Fundações*
Tarefa 9   Drenagem*
Tarefa 10   Preenchimento*
Tarefa 11   Estrutura
Tarefa 12   Passo a passo pré-*drywall*
Tarefa 13   Telhado*
Tarefa 14   Cobertura conjunta*
Tarefa 15   Inspeções*
Tarefa 16   Portas e Janelas
Tarefa 17   Encanamento*
Tarefa 18   Aquecimento*
Tarefa 19   Sistema Elétrico*
Tarefa 20   Inspeção
Tarefa 21   Acabamentos ao ar livre
Tarefa 22   Isolamento*
Tarefa 23   Barreiras aéreas/a vapor*
Tarefa 24   Revisão de Gabinete e Eletricidade*
Tarefa 25   Seleção de Acabamentos Interiores*
Tarefa 26   Acabamentos Internos
Tarefa 27   Pintura*
Tarefa 28   Gabinetes*
Tarefa 29   Acessórios*
Tarefa 30   Paisagismo*
Tarefa 31   Tour de pré-fechamento
Tarefa 32   Fechamento da Nova Casa

Cronograma complexo e modelo de custo

O primeiro passo do casal foi desenvolver um modelo complexo de trilha de rede, como mostra a Figura 8.1. Algumas das tarefas necessárias são modeladas sequencialmente, onde as tarefas subsequentes não podem ser concluídas a menos que a tarefa anterior seja concluída. Por exemplo, o telhado não pode ser instalado até que a estrutura tenha sido montada, e as obras de escavação não podem começar até que os funcionários da cidade tenham aprovado os planos arquitetônicos e as licenças tenham sido emitidas. Outras tarefas podem ser trabalhadas em paralelo, como a obtenção de financiamento bancário e a papelada financeira diligente, ao mesmo tempo em que apresentam planos para obtenção de licenças. O trabalho de encanamento, aquecimento e eletricidade pode ser avançado ao mesmo tempo (encanadores e eletricistas podem ser cruzados no caminho um do outro, mas eles ainda podem continuar a trabalhar uns com os outros).

As Figuras 8.2 e 8.3 mostram algumas das premissas de entrada que o casal e o contratante projetam como custos para cada tarefa. Você também digita o cronograma exigido (em semanas) para cada uma das tarefas. Uma simulação Monte Carlo foi realizada. Os resultados da Figura 8.2 mostram a rota crítica do processo de construção da casa e a Figura 8.3 ilustra a probabilidade de cada rota ser a rota crítica.

As Figuras 8.4 e 8.5 mostram os resultados do perfil e cronograma de risco de custo. Enquanto as estimativas de um ponto na Figura 8.3 mostram US$1.230.173 e 38 semanas para terminar a construção de sua casa dos sonhos, depois de executar uma simulação, o custo esperado ou médio é na verdade US$1.247.877 e 38,7 semanas. Na verdade, com certeza, o casal escolheu um percentil 99°, onde o custo provavelmente não vai exceder US$1.297.404 e 41,4 semanas. Isso significa que eles devem ter aproximadamente uma reserva orçamentária de US$50.000 e mais 3 semanas para possíveis atrasos no cronograma. Isso pode significar que o casal deve se abster de comprar aquele carro esportivo novo e adiar aquela festa com vizinhos do bairro por algumas semanas!

Finalmente, e a fim de reduzir possíveis atrasos no cronograma, os novos proprietários podem encontrar maneiras de mitigar tarefas que estão na rota crítica. Por exemplo, o financiamento (*Tarefa 3*) pode ser adiado, e eles podem considerar trabalhar com um corretor de hipotecas experiente em vez de fazer a papelada eles mesmos, ou eles podem começar esse trabalho de paisagismo (*Tarefa 30*) mais cedo, uma vez que os acabamentos externos estejam terminados, e assim por diante. Você pode fazer essas alterações no modelo e repetir os cálculos para ver os impactos dessas mudanças.

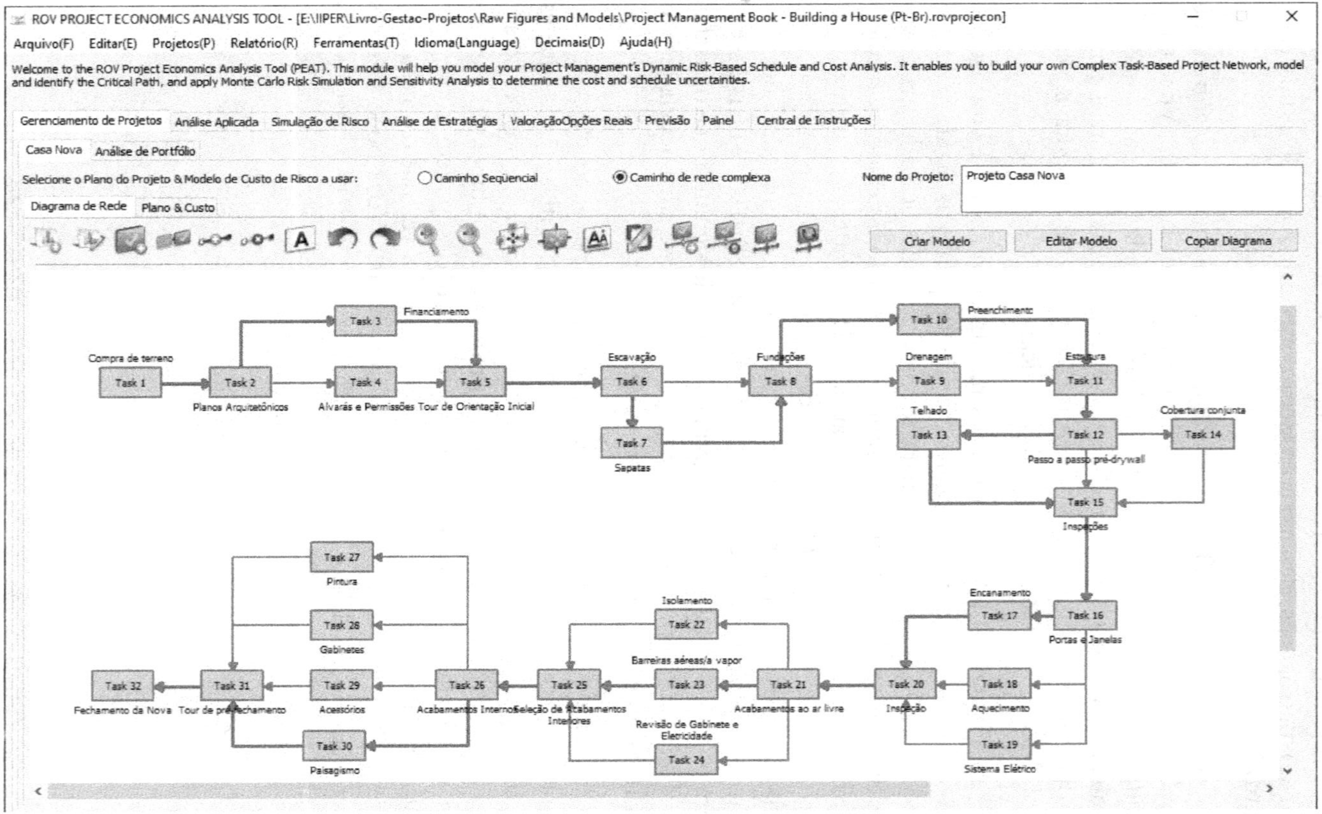

Figura 8.1: Modelo de Rota de Rede Complexa

ROV PROJECT ECONOMICS ANALYSIS TOOL - [E:\IIPER\Livro-Gestao-Projetos\Raw Figures and Models\Project Management Book - Building a House (Pt-Br).rovprojecon]   —   □   ×

Arquivo(F)   Editar(E)   Projetos(P)   Relatório(R)   Ferramentas(T)   Idioma(Language)   Decimais(D)   Ajuda(H)

Welcome to the ROV Project Economics Analysis Tool (PEAT). This module will help you model your Project Management's Dynamic Risk-Based Schedule and Cost Analysis. It enables you to build your own Complex Task-Based Project Network, model and apply Monte Carlo Risk Simulation and Sensitivity Analysis to determine the cost and schedule uncertainties.

Gerenciamento de Projetos   Análise Aplicada   Simulação de Risco   Análise de Estratégias   Valoração/Opções Reais   Previsão   Painel   Central de Instruções

Casa Nova   Análise de Portfólio

Selecione o Plano do Projeto & Modelo de Custo de Risco a usar: ○ Caminho Sequencial   ● Caminho de rede complexa   □ Show Predecessors and Successors   Nome do Projeto: Projeto Casa Nova

Diagrama de Rede   Plano & Custo

☑ Incluir Análise Custo Baseado em Cronograma   ☑ Realizar Simulação de Risco   Ensaios de simulação: 1,000   Executar   Executar Todos Projetos
☑ Incluir Orçamento Excedido & Buffers   ☑ Aplicar Valor Semente: 123   Tarefas com   Semanalmente   ☑ Atualização Auto   □ Executar Sequencialmente
□ Incluir probabilidades de sucesso de cada tarefa e modele seus impactos   Mostrar   32   Semanalmente   Triangular

Tarefa	Nome da Tarefa	Custo (Custo Fixo)			Calculado	Cronograma Tempo (Semanas)			Variável	Sobrecarga
		Mínimo	Mais Prová...	Máximo	Custo	Mínimo	Mais Prová...	Máximo	Semanalm...	Suposição
Task 1	Compra de terreno	800,000	800,000	850,000	800,000	0.5	1	1.5	0	0.00%
Task 2	Planos Arquitetónicos	5,000	10,000	15,000	13,650	2	3	3	1,000	5.00%
Task 3	Financiamento	100	100	100	400	2	3	4	100	0.00%
Task 4	Alvarás e Permissões	2,000	5,000	6,000	5,000	2	2	4	0	0.00%
Task 5	Tour de Orientação Inicial	100	100	100	200	0.5	1	1.5	100	0.00%
Task 6	Escavação	18,000	20,000	25,000	23,100	1	2	2	1,000	5.00%
Task 7	Sapatas	5,000	6,000	8,000	7,350	0.5	1	1	1,000	5.00%
Task 8	Fundações	18,000	25,000	35,000	27,300	1	1	1.5	1,000	5.00%
Task 9	Drenagem	2,000	4,000	5,000	4,725	0.5	1	1	500	5.00%
Task 10	Preenchimento	2,000	6,000	8,000	7,088	1	1.5	2	500	5.00%
Task 11	Estrutura	15,000	28,000	35,000	34,100	3	3	6	1,000	10.00%
Task 12	Passo a passo pré-drywall	100	100	100	200	0.5	1	1.5	100	0.00%
Task 13	Telhado	15,000	20,000	25,000	25,300	2	3	4	1,000	10.00%
Task 14	Cobertura conjunta	1,000	3,000	3,000	3,675	0.5	1	1.5	500	5.00%
Task 15	Inspeções	100	100	100	150	0.5	0.5	0.5	100	0.00%
Task 16	Portas e Janelas	10,000	15,000	19,000	17,325	1	1.5	2	1,000	5.00%
Task 17	Encanamento	15,000	18,000	22,000	21,525	2	2.5	3	1,000	5.00%
Task 18	Aquecimento	18,000	25,000	30,000	27,300	1	1	1.5	1,000	5.00%
Task 19	Sistema Elétrico	8,000	12,000	15,000	16,675	2	2.5	3	1,000	15.00%

Figura 8.2: Suposições e Custos da Linha do Tempo I

ROV PROJECT ECONOMICS ANALYSIS TOOL - [E:\IIPER\Livro-Gestao-Projetos\Raw Figures and Models\Project Management Book - Building a House (Pt-Br).rovprojecon]   —   □   ×

Arquivo(F) Editar(E) Projetos(P) Relatório(R) Ferramentas(T) Idioma(Language) Decimais(D) Ajuda(H)

Welcome to the ROV Project Economics Analysis Tool (PEAT). This module will help you model your Project Management's Dynamic Risk-Based Schedule and Cost Analysis. It enables you to build your own Complex Task-Based Project Network, model and identify the Critical Path, and apply Monte Carlo Risk Simulation and Sensitivity Analysis to determine the cost and schedule uncertainties.

Gerenciamento de Projetos Análise Aplicada Simulação de Risco Análise de Estratégias Valoração Opções Reais Previsão Painel Central de Instruções

Selecione o Plano do Projeto & Modelo de Custo de Risco a usar: ○ Caminho Sequencial   ● Caminho de rede complexa   Nome do Projeto: Projeto Casa Nova

Diagrama de Rede   Plano & Custo

☑ Incluir Análise Custo Baseado em Cronograma   ☐ Show Predecessors and Successors   [Executar]   [Executar Todos Projetos]
☑ Incluir Orçamento Excedido & Buffers   Ensaios de simulação: 1,000   ☑ Atualização Auto   ☐ Executar Sequencialmente
☐ Incluir probabilidades de sucesso de cada tarefa e modelo seus impactos   Mostrar [123]   [32 ⬍]

Task		Mostrar		Tarefas com		Semanalmente			Triangular	
Task 19	Sistema Elétrico	8,000	12,000	15,000	16,675	2	2.5	3	1,000	15.00%
Task 20	Inspeção	100	100	100	150	0.5	0.5	0.5	100	0.00%
Task 21	Acabamentos ao ar livre	4,000	5,000	8,000	6,563	2	2.5	3	500	5.00%
Task 22	Isolamento	3,000	3,500	4,000	4,200	1	1	3	500	5.00%
Task 23	Barreiras aéreas/à vapor	2,000	3,000	5,000	3,938	1	1.5	2	500	5.00%
Task 24	Revisão de Gabinete e Eletricidade	100	100	100	150	0.5	0.5	0.5	100	0.00%
Task 25	Seleção de Acabamentos Interiores	50,000	85,000	115,000	93,610	3	1	1	100	10.00%
Task 26	Acabamentos Internos	35,000	45,000	65,000	51,450	2	4	5	1,000	5.00%
Task 27	Pintura	4,000	5,000	8,000	6,300	2	2	3	500	5.00%
Task 28	Gabinetes	2,000	3,000	5,000	4,200	1	2	3	500	5.00%
Task 29	Acessórios	5,000	8,000	12,000	9,450	1	2	3	500	5.00%
Task 30	Paisagismo	8,000	10,000	15,000	15,000	2	2.5	3	1,000	20.00%
Task 31	Tour de pré-fechamento	0	0	0	50	0	0.5	0.5	100	0.00%
Task 32	Fechamento da Nova Casa	0	0	0	50	0.5	0.5	0.5	100	0.00%
	Total Projeto	**1,047,600**	**1,165,100**	**1,338,600**	**1,230,173**	**28**	**38.00**	**49**	**65.073**	

Caminho Crítico 1-3, 5-8, 10-13, 15-17, 20-21, 23, 25-26, 30-32   13.60%
Caminho Crítico 1-3, 5-8, 10-13, 15-16, 19-21, 23, 25-26, 30-32   13.10%
Caminho Crítico 1-3, 5-8, 10-13, 15-16, 19-22, 25-26, 30-32   6.90%
Caminho Crítico 1-3, 5-8, 10-13, 15-16, 19-21, 23, 25-27, 31-32   6.70%
Caminho Crítico 1-3, 5-8, 10-13, 15-17, 20-22, 25-26, 30-32   6.10%

Figura 8.3: Premissas e Custos da Linha do Tempo II

ROW PROJECT ECONOMICS ANALYSIS TOOL - [E:\IIPER\Livro-Gestao-Projetos\Raw Figures and Models\Project Management Book - Building a House (Pt-Br).rovprojecon] — □ ×

Arquivo(F) Editar(E) Projetos(P) Relatório(R) Ferramentas(T) Idioma(Language) Decimais(D) Ajuda(H)

Welcome to the ROV Project Economics Analysis Tool (PEAT). This module will help you model your Project Management's Dynamic Risk-Based Schedule and Cost Analysis. It enables you to build your own Complex Task-Based Project Network, model and identify the Critical Path, and apply Monte Carlo Risk Simulation and Sensitivity Analysis to determine the cost and schedule uncertainties.

Gerenciamento de Projetos   Análise Aplicada   Simulação de Risco   Análise de Estratégias   Valoração/Opções Reais   Previsão   Painel   Central de Instruções

Resultados da Simulação   Resultados Sobrepostos   Análise de Alternativas   Sensibilidade Dinâmica

Selecione o Projeto e a Variável de Saída:

Casa Nova: Project Cost

Bar Type: Bar ∨   Bar Color   Line Index: 1 [49.34%]   Data Labels   Custom Text Properties   S-Curve Color

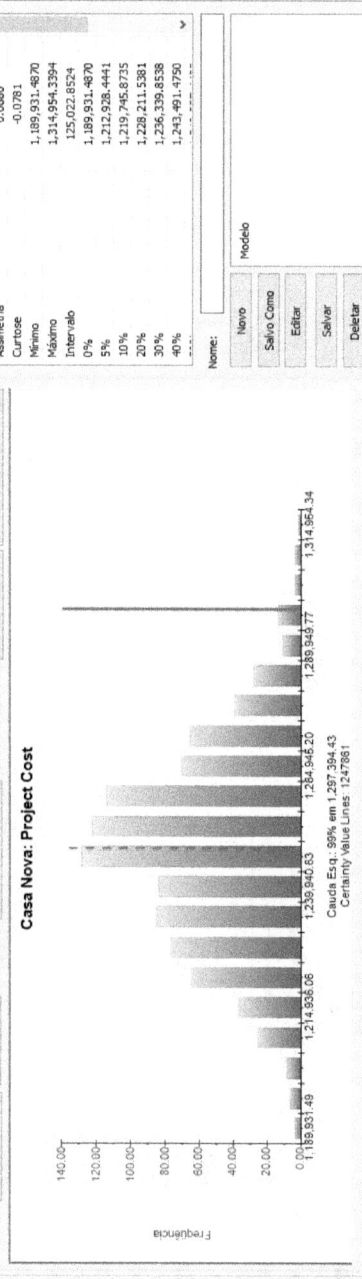

Casa Nova: Project Cost

Estatísticas/Percentil	Valor
Cenários	1,000
Média	1,247,861.0661
Mediana	1,248,227.4433
Desv/Padrão	21,622.8398
CV	1.7328%
Assimetria	0.0880
Curtose	-0.0781
Mínimo	1,189,931.4870
Máximo	1,314,954.3394
Intervalo	125,022.8524
0%	1,189,931.4870
5%	1,212,928.4441
10%	1,219,745.8735
20%	1,228,211.5381
30%	1,236,339.8538
40%	1,243,491.4750

Frequência

140.00
120.00
100.00
80.00
60.00
40.00
20.00
0.00

1,189,931.49   1,214,906.06   1,239,940.63   1,264,946.20   1,289,949.77   1,314,964.34

Cauda Esq.: 99% em 1,297,394.43
Certainly Value Lines: 1247861

Nome:

Novo   Modelo
Salvo Como
Editar
Salvar
Deletar

++   4 ⯅⯆ Decimais

☐ Ao salvar, inclua dados e resultados simulados (isso pode resultar em uma resposta mais lenta e em um tamanho maior de arquivos)

Abrir   Salvar

Mostrar Linhas Verticais em:
Percentis %:   PDF Histograma   ∨   Atualizar   Calcule e Mostre as linhas em: Cauda Esq: <=
Valores de Certeza: 1247861   Percentis: 99   %
                                        Confiança: 1,297,394.43   %
☑ Mostrar info.   Copiar Gráfico   Mostrar Grade   ☑ Mostrar info.   Extrair dados da Simulação

Figura 8.4: Custo Simulado

ROV PROJECT ECONOMICS ANALYSIS TOOL - [E:\IIPER\Livro-Gestao-Projetos\Raw Figures and Models\Project Management Book - Building a House (Pt-Br).rovprojecon] — □ ×

Arquivo(F) Editar(E) Projetos(P) Relatório(R) Ferramentas(T) Idioma(Language) Decimais(D) Ajuda(H)

Welcome to the ROV Project Economics Analysis Tool (PEAT). This module will help you model your Project Management's Dynamic Risk-Based Schedule and Cost Analysis. It enables you to build your own Complex Task-Based Project Network, model and identify the Critical Path, and apply Monte Carlo Risk Simulation and Sensitivity Analysis to determine the cost and schedule uncertainties.

Gerenciamento de Projetos Análise Aplicada Simulação de Risco Análise de Estratégias Valoração\Opções Reais Previsão Painel Central de Instruções

Resultados da Simulação Resultados Sobrepostos Análise de Alternativas Sensibilidade Dinâmica

Selecione o Projeto e a Variável de Saída:

Casa Nova: Project Schedule

Bar Type: Bar   Bar Color   Bar Color   Line Index: 1 [65.17%]   Data Labels   S-Curve e Color   Custom Text Properties

Casa Nova: Project Schedule

Frequência

140.00
120.00
100.00
80.00
60.00
40.00
20.00
0.00

35.07   36.57   38.07   39.57   41.07   42.57

Cauda Esq.: 99% em 41.32
Certainty Value Lines: 39

Estatísticas/Percentil	Valor
Cenários	1,000
Média	39
Mediana	39
Desv/Padrão	1
CV	3.13%
Assimetria	0.1300
Curtose	-0.1835
Mínimo	35
Máximo	43
Intervalo	7
0%	35
5%	37
10%	37
20%	38
30%	38
40%	38

Mostrar Linhas Verticais em:
Percents %:
Valores de Certeza: 39

PDF Histograma   Atualizar

Calcule e Mostre as linhas em:
Percents: 99 %
Confiança: 41.32

Cauda Esq. ˅   %

Copiar Gráfico   Mostrar Grade   Mostrar info.   Extrair dados da Simulação

Nome:
Novo   Modelo
Salvar Como
Editar
Salvar
Deletar

Ao salvar, inclua dados e resultados simulados (isso pode resultar em uma resposta mais lenta e em um tamanho maior de arquivos)

Abrir   Salvar

0 Decimais

Figura 8.5: Cronograma Simulado

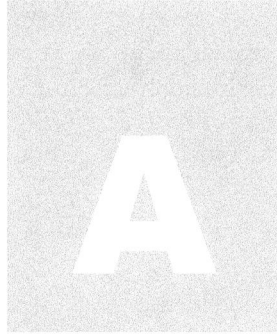

APÊNDICE A: CONCEITOS BÁSICOS PARA INTERPRETAR PDFs, CDFs, & TABELAS ICDF

Esta nota técnica explica brevemente a função de densidade de probabilidade (PDF) para distribuições contínuas, que também é chamada de função massa de probabilidade (PMF) para distribuições discretas (usamos esses termos indistintamente), onde, a partir de uma distribuição e seus parâmetros, podemos determinar a probabilidade de ocorrência de acordo com um resultado ou variável aleatória x. Além disso, a função de distribuição cumulativa (CDF) também pode ser calculada, sendo essa a soma dos valores PDF até este valor x. Finalmente, a função de distribuição cumulativa inversa (ICDF) é usada para calcular o valor x de acordo com a probabilidade cumulativa da ocorrência.

Em matemática e simulação de risco Monte Carlo, uma função de densidade de probabilidade (PDF) representa uma distribuição contínua de probabilidade em termos de integrais. Se uma distribuição de probabilidade tem uma densidade de $f(x)$, então, intuitivamente, a faixa infinitesimal de $[x, x + dx]$ tem uma chance de $f(x)dx$. O PDF pode, portanto, ser visto como uma versão suavizada de um histograma de probabilidade; ou seja, fornecendo uma amostra empiricamente grande de uma variável aleatória contínua repetidamente, o histograma por meio de faixas muito estreitas se assemelhará ao PDF da variável aleatória. A probabilidade do intervalo entre $[a, b]$ é dado por $\int_a^b f(x)dx$, o que significa que a integral total da função f deve ser 1,0.

É um erro comum pensar $f(a)$ como a probabilidade de a. Na verdade $f(a)$ às vezes, pode ser maior que 1 (considere uma distribuição uniforme entre 0,0 e 0,5). A variável aleatória x dentro desta distribuição terá $f(x)$ maior que 1. Probabilidade é realmente a função $f(x)dx$ discutido acima, onde dx é uma quantidade infinitesimal.

A função de distribuição cumulativa (CDF) é denotada como $F(x) = P(X \leq x)$, o que indica a probabilidade de que X tomar um valor menor ou igual a X. Cada CDF aumenta monotonamente, é contínuo a partir da direita e, nos limites, tem as seguintes propriedades: $\lim_{x \to -\infty} F(x) = 0$ e $\lim_{x \to \infty} F(x) = 1$.

Além disso, o CDF está relacionado com o PDF por $F(b) - F(a) = P(a \leq X \leq b) = \int_a^b f(x)dx$, onde a função PDF f é a derivada da função CDF F. Na teoria da probabilidade, uma função de massa de probabilidade ou PMF dá a probabilidade de que uma variável aleatoriamente discreta seja exatamente igual a algum valor. A PMF difere do PDF na de que os valores do último, definidos apenas para variáveis aleatórias contínuas, não são probabilidades; em vez disso, sua integral em um conjunto de possíveis valores da variável aleatória é uma probabilidade. Uma variável aleatória é discreta se sua distribuição de probabilidades for discreta e pode ser caracterizada por uma PMF.

Então, X é uma variável aleatória discreta se

$$\sum_u P(X = u) = 1$$

desde u abrange todos os valores possíveis da variável aleatória X.

Interpretação dos Gráficos de Probabilidade

Aqui estão algumas dicas que ajudam a decifrar as características de uma distribuição, ao olhar para diferentes gráficos PDF e CDF:

- Para cada distribuição, um PDF de distribuição contínua é exibido como um gráfico de área (Figura A.1) enquanto uma PMF de distribuição discreta é exibida como um gráfico de barras (Figura A.2).

- Se a distribuição só pode tomar uma única forma (por exemplo. As distribuições normais são sempre em forma de sino, com a única diferença sendo que a tendência central é medida com a média e o diferencial é medido com o desvio padrão), de modo que normalmente apenas um gráfico de área do PDF aparecerá com um gráfico de linhas PDF (Figura A.3) que apresentam os efeitos de vários parâmetros na distribuição.

- Os gráficos CDF, ou curva-S, são exibidos como gráfico de linha (Figura A.4) e, às vezes, como gráficos de barras.

- A tendência central de uma distribuição (p.ex. a média de uma distribuição normal) é sua localização central (Figura A.3).

- Várias parcelas de área e linha (p.ex., distribuição Beta) serão exibidas se a distribuição pode tomar várias formas (por exemplo, a distribuição **Beta** é uma distribuição Uniforme quando $alfa = beta = 1$; uma distribuição Parabólica quando $alfa = 1$ e $beta = 2$; uma risco de custo quando $alfa = 1$ e $beta = 2$, ou vice-versa; uma distribuição com assimetria positiva quando $alfa = 2$ e $beta = 5$, e assim por diante). Neste caso, você verá várias áreas e enredos de linha (Figura A.5).

- O ponto de partida da distribuição às vezes é seu parâmetro mínimo (p.ex., Parabólico, Triangular, Uniforme, Arcoseno etc.) ou seu parâmetro de localização (p.ex., o local de partida da distribuição Beta é **0**, mas o ponto de partida de uma distribuição Beta **4** é o parâmetro de localização; Figura A.5 mostra uma distribuição Beta 4 com localização 10, seu ponto de partida no *eixo x*).

- O ponto final da distribuição às vezes é seu parâmetro máximo (p.ex., Parabólico, Triangular, Uniforme, Arcoseno etc.) ou seu máximo natural multiplicado pelo parâmetro *fator* deslocado por um parâmetro de localização (p.ex., a distribuição Beta original tem um valor mínimo de 0 e um valor máximo igual a 1, mas uma distribuição beta 4 com localização = 10 e fator = 2 indica que o ponto de partida deslocado é 10 e o ponto final é 11, e sua amplitude de 1 é multiplicada por um fator de 2 , o que significa que a distribuição Beta 4 terá agora um valor final de 12, como mostrado na Figura A.5).

- Interações entre parâmetros às vezes são óbvias. Por exemplo, na distribuição Beta 4, se $alfa = beta$, a distribuição é simétrica, ou seja, se você tiver uma assimetria mais positiva, maior a diferença entre *beta* e *alfa*, e quanto mais negativa a assimetria, maior a diferença entre *alfa* e *beta* (Figura A.6).

- Às vezes, um PDF de distribuição é formado com dois ou três parâmetros chamados *forma, escala* e *localização*. Por exemplo, a distribuição Laplace tem dois parâmetros de entrada, a localização *alfa* e a escala *beta*, onde *alfa* indica a tendência central da distribuição (como a média em uma distribuição Normal) e *beta* indica o diferencial da média (como o desvio padrão em uma distribuição Normal).

- Quanto mais estreito o PDF (a distribuição Normal do Figura A.3 com uma média de 10 e um desvio padrão de 2), mais inclinada a *curva-S* do CDF (Figura A.4), e menor a amplitude na curva CDF.

- Um CDF de linha reta de 45 graus (uma linha reta imaginária que conecta os pontos de partida e extremidade do CDF) indica uma distribuição uniforme; um CDF de *curva-S* com quantidades iguais acima e abaixo da linha reta de 45 graus indica uma curva ou monte simétrico, em forma de sino; um CDF totalmente curvo acima da linha de 45 graus indica uma distribuição com assimetria positiva (Figura A.7), enquanto um CDF totalmente curvo abaixo da linha de 45 graus indica uma distribuição com assimetria negativa (Figura A.8).

- Uma linha CDF que parece idêntica em forma, mas deslocada para a direita ou para a esquerda, indica a mesma distribuição, mas deslocada por algum local, e uma linha CDF que começa no mesmo ponto, mas se move para a esquerda e para a direita indica um efeito multiplicativo na distribuição, como uma multiplicação de fator, como mostrado nas Figuras A.9 e A.10.

- Um CDF quase vertical indica uma alta distribuição de alta curtose com caudas gordas, e onde o centro da distribuição se move para cima (p.ex., ver distribuição Cauchy) versus um CDF relativamente plano, uma distribuição muito larga e talvez de cauda plana é indicada.

- Algumas distribuições discretas podem ser aproximadas por uma distribuição contínua se seu número de testes for grande o suficiente e sua probabilidade de sucesso e fracasso for bastante simétrica (p.ex., ver distribuições binomiais e binomiais negativas). Por exemplo, com um pequeno número de testes e uma baixa probabilidade de sucesso, a distribuição binomial tem uma assimetria positiva, ao mesmo tempo em que atinge uma distribuição simétrica normal quando o número de testes é alto e a probabilidade de sucesso é em torno de 0,50.

- Muitas distribuições são flexíveis e intercambiáveis – veja os detalhes de cada distribuição, por exemplo, a Binomial é Bernoulli repetida várias vezes; Arcoseno e Parabólica são casos especiais de Beta; Pascal é uma Binomial negativa deslocada; Binomial e Poisson atingem a Normal na borda; Qui-quadrado é a soma ao quadrado de várias Normais; Erlang é um caso especial de Gama; Exponencial é o inverso do Poisson, mas em um período contínuo; F é a razão de dois Qui-quadrados; gama está relacionada com distribuições logNormal, Exponencial, Pascal, Erlang, Poisson e Qui-quadrada; Laplace compreende duas distribuições Exponenciais em uma; o logaritmo de um logNormal chega ao Normal; a soma de várias Uniformes discretas chega a Normal; o Pearson V é o inverso da Gama; o Pearson VI é a razão de dois intervalos; PERT é um Beta modificado; T com muitos graus de liberdade atingem a Normal; o Rayleigh é um Weibull modificado; e assim por diante.

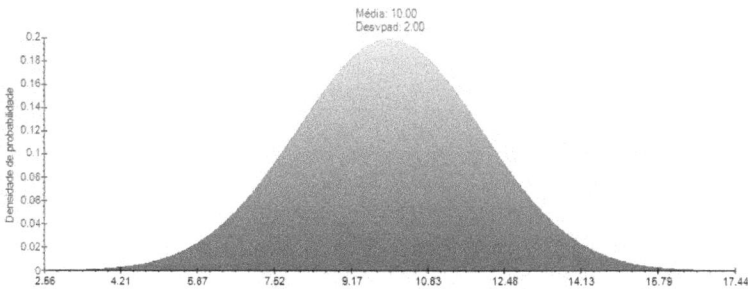

Figura A.1: PDF Contínua (Gráfico de Área)3

---

3 Ref.: **Risk Simulator:** Ferramentas Analíticas|09 – Tabela de Distribuição

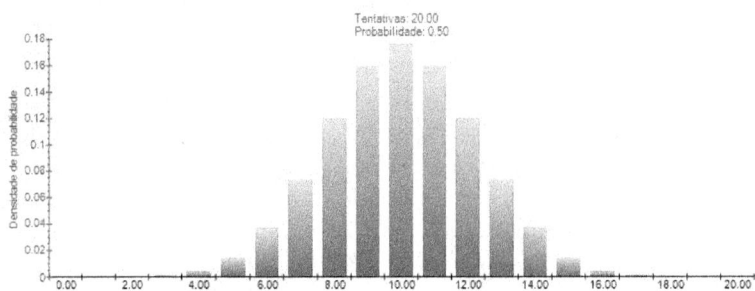

Figura A.2: PMF discreta (Figura de Barras)

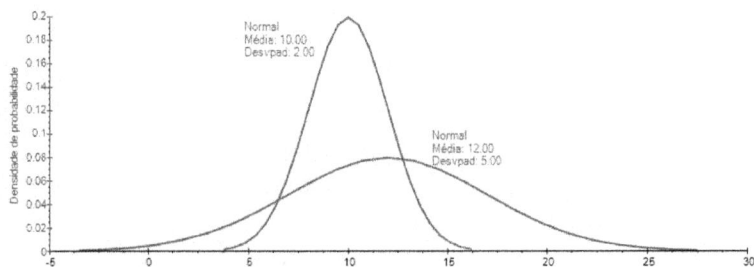

Figura A.3: Translação de múltiplas PDFs contínuas

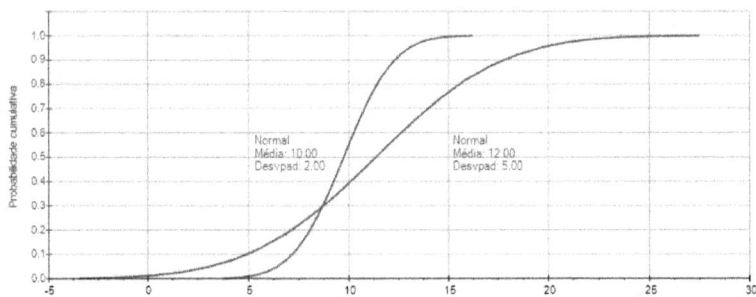

Figura A.4: Diagramas Trasladados de CDF

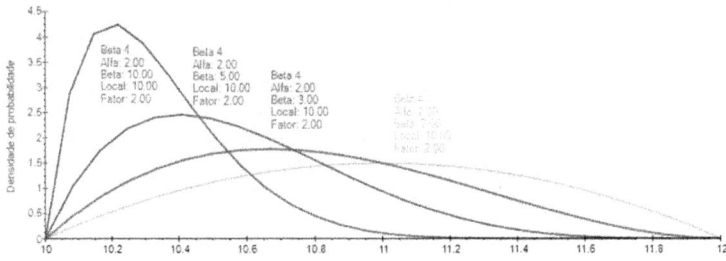

Figura A.5: Características PDF da Distribuição Beta

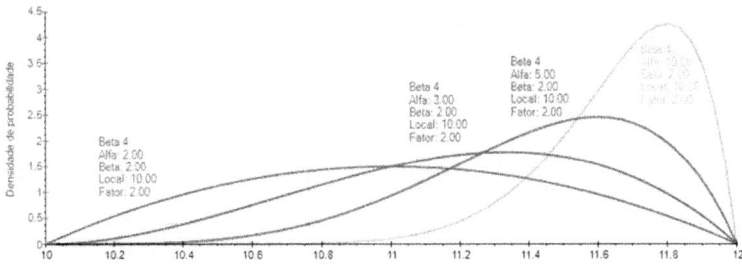

Figura A.6: PDF de uma distribuição Beta com Assimetria Negativa

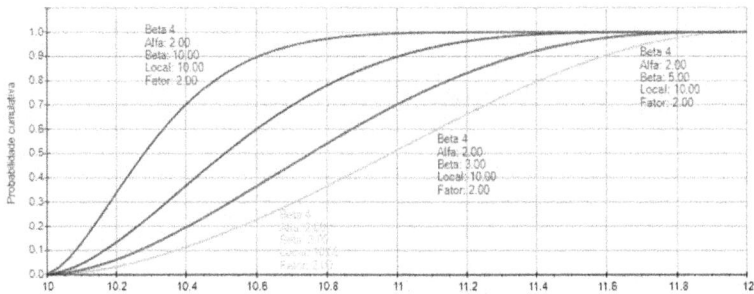

Figura A.7: CDF de uma Distribuição com Assimetria Positiva

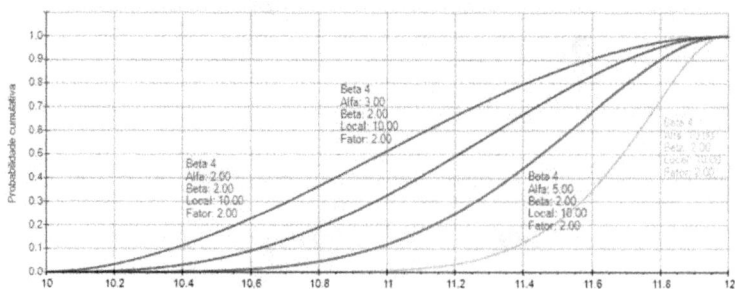

Figura A.8: CDF de uma Distribuição com Assimetria Negativa

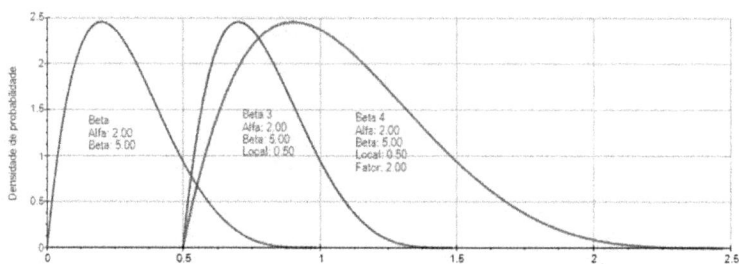

Figura A.9: Características PDF de um deslocamento

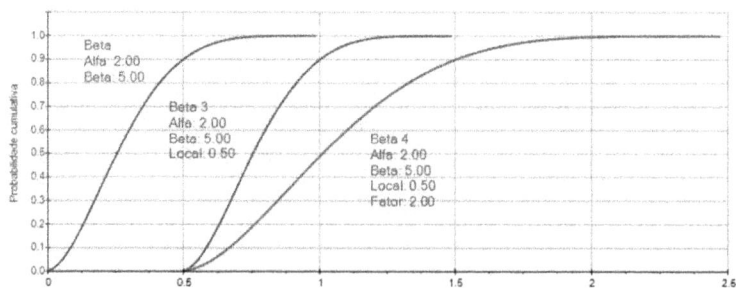

Figura A.10: Características do CDF de um Deslocamento

APÊNDICE B: MOMENTOS DAS DISTRIBUIÇÕES

O estudo estatístico refere-se à coleta, apresentação, análise e uso de dados numéricos para inferir e tomar decisões sobre incerteza e onde os dados populacionais reais são desconhecidos. Há dois ramos no estudo das estatísticas: , onde os dados são resumidos e descritos, e estatísticas inferenciais, onde a população é generalizada através de uma pequena amostra aleatória. Isso é útil para fazer previsões ou tomar decisões quando as características populacionais são desconhecidas.

Uma amostra pode ser definida como um *subconjunto* da população sendo medida, enquanto a *população* pode ser definida como todas as possíveis observações de interesse em uma variável. Por exemplo, se alguém estiver interessado nas práticas de votação de todos os eleitores americanos registrados, toda a centena de milhões de eleitores registrados é considerada a população, enquanto uma pequena pesquisa de mil eleitores registrados retiradas de algumas pequenas cidades em todo o país é a amostra. As características calculadas da amostra (p.ex., média, desvio padrão) são chamadas de estatísticas, enquanto *parâmetros* implicam que toda a população foi pesquisada e os resultados tabulados. Portanto, na tomada de decisão, as estatísticas são de vital importância, uma vez que às vezes toda a população ainda é desconhecida (p.ex., quem são todos seus clientes? Qual é a participação total de mercado?).

Nas estatísticas inferenciais, as seguintes são as etapas para conduzir uma investigação:

- Projetar o experimento — esta fase inclui o desenho de maneiras de coletar todos os dados possíveis e relevantes.

  o Coletar dados de amostra — os dados são coletados e tabulados.

  o Analise os dados — a análise estatística é realizada.

  o Estimativa ou Previsão – as inferências são feitas com base nas estatísticas obtidas.

  o Testando a hipótese — as decisões são testadas contra os dados para ver os resultados.

- Determine a qualidade do ajuste — os dados reais são comparados com dados históricos para ver a quão precisa, válida e confiável é a inferência.

- Tomada de decisão — as decisões são tomadas com base nos resultados da inferência.

Medindo o Centro de Distribuição – O Primeiro Momento

O primeiro momento de distribuição de resultados mede a taxa de retorno esperada em um determinado projeto. Mede a localização dos cenários do projeto e possíveis resultados em média. Em termos do primeiro momento, as estatísticas comuns incluem *média* (média), *mediana* (centro de distribuição) e *moda* (o valor mais utilizado). O Figura B.1 ilustra o primeiro momento - neste caso, o primeiro momento dessa distribuição é medido pela média (μ) ou valor médio.

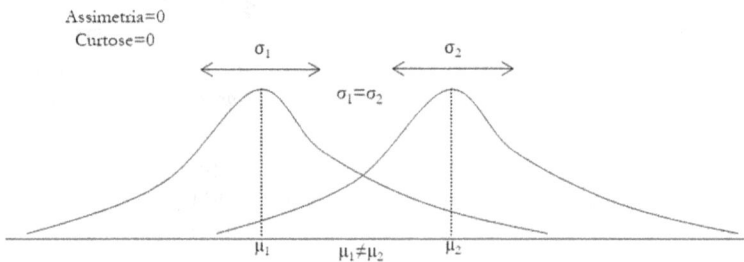

Figura B.1: Primeiro Momento

Medindo o Diferencial de Distribuição –
O Segundo Momento

O segundo momento mede o diferencial de uma distribuição, que é uma medida de risco. A extensão ou amplitude de uma distribuição indica a variabilidade de uma variável, ou seja, o potencial para uma variável cair em diferentes regiões da distribuição — ou seja, os possíveis cenários dos resultados.

A Figura B.2 ilustra duas distribuições com primeiros momentos idênticos (médias idênticas), mas segundo momentos ou riscos muito diferentes. O display fica mais claro na Figura B.3. Como exemplo, suponha que existam duas ações e os movimentos da primeira ação (ilustrado pela linha sólida) com a menor flutuação são comparados aos movimentos da segunda ação (ilustrado pela linha pontilhada), com uma flutuação de preço muito maior. Claramente, um investidor veria as ações que têm a flutuação mais dispersa como mais arriscada, porque os resultados das ações mais arriscadas são relativamente mais desconhecidos do que as Ações menos arriscadas. O eixo vertical na Figura B.3 mede os preços das Ações, de modo que a Ação com maior rico tem uma gama mais ampla de resultados possíveis. Essa faixa resulta na amplitude da distribuição (eixo horizontal) no Figura B.2, onde a distribuição mais ampla representa o ativo mais arriscado. Assim, a amplitude ou diferencial de uma distribuição mede os riscos de uma variável. Deve-se notar que no Figura B.2, ambas as distribuições têm momentos centrais ou tendências idênticas, mas claramente as distribuições são muito diferentes. Essa diferença na amplitude da distribuição é mensurável. Matematicamente e estatisticamente, a amplitude ou risco de uma variável pode ser medida através de diferentes estatísticas, incluindo intervalo, desvio padrão (σ), variância, coeficiente de variação e percentis.

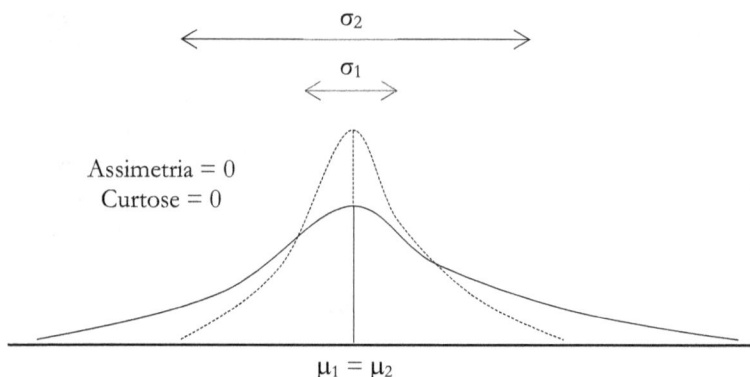

Assimetria = 0
Curtose = 0

σ_2

σ_1

$\mu_1 = \mu_2$

Figura B.2: Segundo Momento

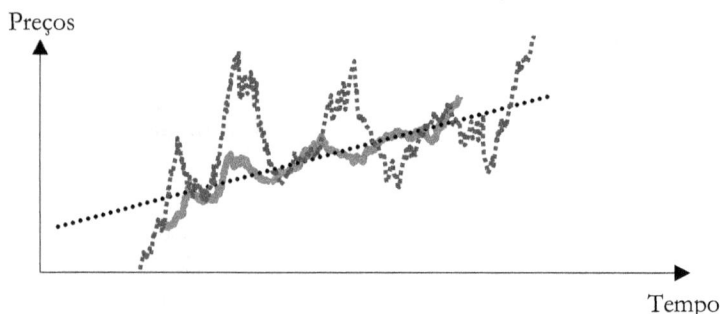

Preços

Tempo

Figura B.3: Flutuações no Preço das Ações

Variância e Desvio Padrão

Variância e desvio padrão são duas medidas comuns do segundo momento. Variância é a média de desvios quadrados de seus meios em unidades ao quadrado:

$$\sigma^2 = \sum_{i=1}^{N} \frac{(x_i - \mu)^2}{N} \quad e \quad s^2 = \sum_{i=1}^{n} \frac{(x_i - \bar{x})^2}{n - 1}$$

O desvio padrão está nas unidades originais e, portanto, é útil como meio direto de comparar a dispersão e a variabilidade medidas nas mesmas unidades:

$$\sigma = \sqrt{\sum_{i=1}^{N} \frac{(x_i - \mu)^2}{N}} \quad e \quad s = \sqrt{\sum_{i=1}^{n} \frac{(x_i - \bar{x})^2}{n - 1}}$$

Embora o desvio padrão e as variâncias tenham muitos usos, eles são limitados porque suas medidas estão nas mesmas unidades e, portanto, são consideradas valores absolutos de risco.

Coeficiente de Variação

O coeficiente de variação (CV) não tem unidades e mede a variabilidade relativa. Isso permite comparar dois conjuntos de dados para saber qual deles tem mais variabilidade sem se preocupar com drives. Comparativamente, os desvios-padrão são medidas absolutas de variabilidade e dependem, em grande medida, da unidade de medida dos dados.

$$CV = \frac{s}{\bar{x}} \quad ou \quad CV = \frac{\sigma}{\mu}$$

Exemplo

Estatísticas	# de familiares	Gastos com alimentação ($)
$\bar{x}$	3,23	$110.5
s	1,34	$25.25

Qual tem mais variação, número de familiares ou despesas com alimentação?

CV no # Familiares $\Rightarrow$ 1,34/3.23 = 0,415

CV Despesas $\Rightarrow$ 25,25/110.25 = 0,229

Os cálculos mostram que há maior variação no número de familiares.

Medindo a Assimetria da Distribuição –
O Terceiro Momento

O GANTT mede a assimetria da distribuição, ou seja, o deslocamento da distribuição para um lado ou para o outro. A figura B.4 mostra uma assimetria negativa ou esquerda (a cauda da distribuição aponta para a esquerda) e a Figura B.5 mostra uma assimetria positiva ou direita (a cauda da distribuição aponta para a direita). A média se desloca sempre na direção da cauda alongada, enquanto a mediana permanece entre a moda e a média. Outra maneira de ver isso é que a média se move, mas o desvio padrão, variância ou amplitude podem permanecer constantes. Se o terceiro momento não for levado em conta, então examinando apenas os retornos esperados (médio) e o risco (desvio padrão), um projeto com assimetria positiva poderia ser escolhido incorretamente!

Por exemplo, se o eixo horizontal representa os ganhos líquidos de um projeto, então claramente uma distribuição com assimetria negativa ou esquerda, seria melhor, uma vez que há uma maior probabilidade de ter melhores ganhos (Figura B.4) em comparação com uma maior probabilidade de um nível de lucro mais baixo (Figura B.5). Assim, em uma distribuição assimétrica, a mediana é uma melhor medida de retorno, uma vez que as medianas dos Figuras B.4 e B.5 são idênticas, os riscos são idênticos e, portanto, um projeto com uma distribuição de assimetria negativa de retorno líquido é uma opção melhor. Não levando em conta a assimetria da distribuição de um projeto, pode significar que o projeto é escolhido incorretamente (p.ex., dois projetos podem ter o primeiro e o segundo momentos idênticos, ou seja, ambos têm idênticos retornos e perfis de risco, mas a assimetria de distribuição pode ser muito diferente).

A assimetria é calculada como:

$$Assimetría = \frac{n}{(n-1)(n-2)} \sum_{i=1}^{n} \left(\frac{x_i - \bar{x}}{s} \right)^3$$

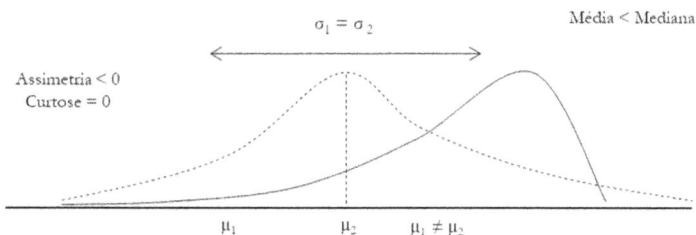

Figura B.4: Terceiro Momento (Assimetria esquerda)

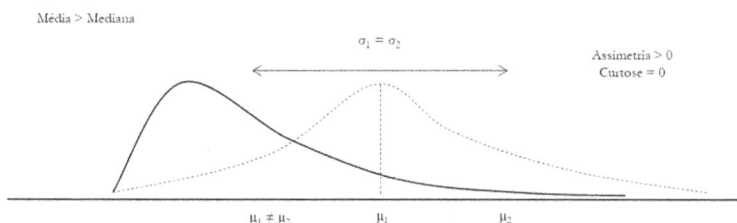

Figura B.5: Terceiro Momento (Assimetria Direita)

Medindo o efeito sobre as caudas, com a ocorrência de eventos extremos, em uma distribuição - O Quarto Momento

O quarto momento, ou curtose, mede a quão afilada é a distribuição. A Figura B.6 ilustra esse efeito. A figura pontilhada representa uma distribuição Normal com uma curtose de 3.0 ou um excesso de curtose de 0 (Curtose XS é definida como a diferença de curtose de uma distribuição Normal). A nova distribuição tem maior curtose, por isso a área abaixo da curva é mais espessa nas caudas e com menos área no corpo central. Essa condição tem maior impacto na análise da incerteza, pois para as duas distribuições na Figura B.6, os três primeiros momentos (média, desvio padrão e assimetria) podem ser idênticos, mas o quarto momento (curtose) é diferente. Isso significa que, embora os retornos e incertezas esperados sejam idênticos, as probabilidades de ocorrência de eventos extremos e/ou catastróficos (grandes perdas ou grandes ganhos potenciais) são maiores para uma distribuição com alta curtose (por exemplo, os retornos do mercado de ações se comportam como uma distribuição Leptocúrticas, ou seja, têm uma alta curtose). Ignorar a curtose dos retornos do projeto pode ser prejudicial. A curtose é definida como:

$$Curtose = \frac{n(n+1)}{(n-1)(n-2)(n-3)} \sum_{i=1}^{n} \left(\frac{x_i - \bar{x}}{s}\right)^4 - \frac{3(n-1)^2}{(n-2)(n-3)}$$

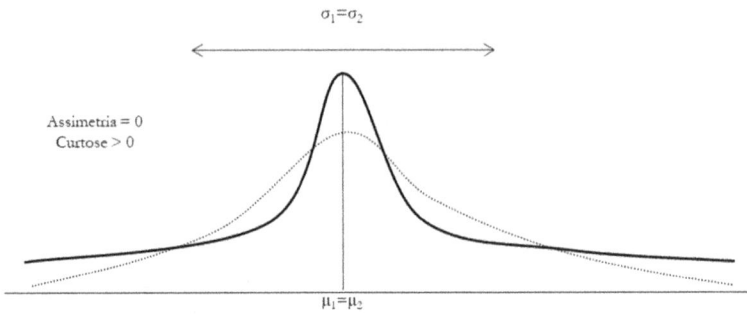

Figura B.6: Quarto Momento

A maioria das distribuições pode ser definida por quatro momentos. O primeiro momento descreve a localização de uma distribuição central ou tendência (valor esperado), o segundo momento descreve sua amplitude ou diferencial (incerteza), o terceiro momento sua assimetria direcional (eventos mais prováveis), e o quarto momento, sua mira ou espessura nas caudas (eventos catastróficos). Os quatro momentos devem ser calculados e interpretados para fornecer uma visão mais abrangente do projeto em análise.

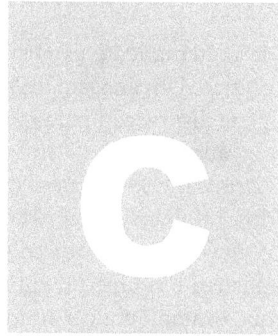

APÊNDICE C: SIMULAÇÃO DE RISCOS MONTE CARLO

A simulação de Monte Carlo, nomeada em homenagem à capital de Mônaco famosa por seu jogo, é uma metodologia muito poderosa. Para o iniciante na análise de risco, a simulação permite resolver problemas difíceis e complexos, mas ao mesmo tempo práticos, com grande facilidade. Talvez o uso mais famoso e precoce da simulação de Monte Carlo tenha sido do físico e ganhador do Nobel Enrico Fermi em 1930 (às vezes referido como o pai da bomba atômica) quando ele usou um método aleatório para calcular as propriedades do recém-descoberto nêutron. Os métodos de Monte Carlo foram centrais para as simulações necessárias para o Projeto Manhattan. Na década de 1950, a simulação Monte Carlo foi usada em Los Alamos para trabalhos relacionados ao desenvolvimento da bomba de hidrogênio e tornou-se popular nos campos da pesquisa de física e operações. Na época, a **RAND Corporation** e a **Força Aérea dos Estados Unidos** (USAF) eram duas das principais organizações responsáveis pelo financiamento e disseminação de informações sobre os métodos Monte Carlo. Nesse tempo e hoje, há uma ampla aplicação da simulação Monte Carlo em diferentes áreas, incluindo engenharia, física, pesquisa e desenvolvimento, negócios e finanças.

De forma simplista, a simulação Monte Carlo cria cenários futuros artificiais, gerando milhares e até centenas de milhares de resultados amostrando caminhos e analisando suas características predominantes. Na prática, os métodos de simulação Monte Carlo são usados para analisar e quantificar riscos, fazer análises de sensibilidade e previsão. Uma alternativa à simulação é o uso de modelos matemáticos estocásticos de forma fechada altamente complexos. Para analistas de uma empresa, fazer cursos avançados de matemática e estatística no nível universitário não é lógico nem prático. Um analista brilhante usaria todas as ferramentas disponíveis à sua disposição para obter a mesma resposta, da maneira mais fácil e prática possível. Em todos os casos, quando a simulação Monte Carlo é modelada corretamente, ela fornece respostas semelhantes às dos modelos matemáticos mais sofisticados. Além disso, existem muitas aplicações da vida real onde modelos de forma fechada não existem e o único recurso é aplicar métodos de simulação. Então, o que exatamente é a simulação Monte Carlo e como funciona?

O que é Simulação?

Hoje, computadores de alta velocidade permitem muitos cálculos complexos que antes eram aparentemente impossíveis de resolver. Para cientistas, engenheiros, estatísticos, administradores e analistas de negócios, entre outros, os computadores tornaram possível criar modelos que simulam a realidade e ajudam a fazer previsões. Um desses modelos é usado para simular sistemas reais, considerando a aleatoriedade e incertezas futuras, pesquisando centenas e até milhares de cenários diferentes. Os resultados são então compilados e usados para tomar decisões. É disso que se trata a simulação Monte Carlo.

Em sua forma mais simples, a simulação Monte Carlo é um (algoritmo) gerador de números aleatórios, útil para prever, estimar e realizar análises de risco. Uma simulação calcula vários cenários em um modelo analítico, escolhendo de forma aleatória valores associados à uma distribuição de probabilidade, definida pelo *usuário,* para variáveis de incerteza e, em seguida, usando esses valores no modelo. Como todos esses cenários produzem resultados associados em um modelo, cada cenário pode ter uma previsão. Previsões são eventos (geralmente com fórmulas ou funções) que são definidos como resultados importantes do modelo a serem avaliados.

Pensar na abordagem de simulação Monte Carlo é como escolher bolas de golfe de uma cesta repetidamente e com reposição. O tamanho e a forma da cesta dependem da distribuição da *Premissa* de Entrada (p.ex., uma distribuição Normal com uma média de 100 e um desvio padrão de 10, versus uma distribuição Uniforme ou uma distribuição Triangular) onde algumas cestas são mais profundas ou mais simétricas do que outras, permitindo que certas bolas sejam retiradas com mais frequência do que outras. O número de bolas tomadas repetidamente depende do número de testes *simulados*. Para um modelo grande, com múltiplas suposições relacionadas, imagine-o como uma cesta muito grande, na qual residem muitas cestas de bebê dentro. Cada cesta de bebê tem seu próprio conjunto de bolas de golfe coloridas que estão saltando ao redor. Às vezes, essas cestas de bebê estão ligadas umas às outras (se *houver* uma correlação entre as variáveis), forçando as bolas de golfe a quicar simultaneamente, enquanto em outros casos sem correlação, as bolas saltam independentemente umas das outras. Bolas que são escolhidas a cada momento a partir dessas interações dentro do modelo (a cesta grande) são tabuladas e registradas, gerando uma *Previsão de Saída* como resultado da simulação.

Entendendo as Distribuições de Probabilidades

Esta seção demonstra o poder da simulação de risco Monte Carlo, mas para começar a testar, primeiro você precisa entender o conceito de distribuições de probabilidades. Esta seção continua usando o software **Risk Simulator** do autor e demonstra como a simulação pode ser implementada, de forma simples e fácil, em um modelo Excel existente. Há uma versão de teste temporário do software *Risk Simulator* (para obter uma versão permanente, visite o site www.realoptionsvaluation.com). Os professores podem obter licenças gratuitas de 6 meses para o laboratório de informática para si e para seus alunos se esta simulação/software de avaliação for usada e ensinada a uma classe inteira.

Para começar a entender a probabilidade, considere este exemplo: Você quer observar a distribuição de salários não isentos dentro de um departamento de uma grande empresa. Primeiro, ele reúne os dados brutos — neste caso, os salários de cada funcionário não isento no departamento. Em segundo lugar, organiza os dados em um formato apropriado e traça os dados como uma distribuição de frequência em um gráfico. Para criar uma distribuição de frequência, separe os salários em grupos de intervalo e liste esses intervalos no eixo horizontal do gráfico. Em seguida, liste o número ou a frequência dos funcionários em cada intervalo no eixo vertical do gráfico. Agora você pode facilmente ver a distribuição de salários não isentos dentro do departamento.

Uma olhada no gráfico da Figura C.1 revela que os funcionários ganham entre US$7,00 e US$9,00 por hora. Você pode traçar esses dados como uma distribuição de probabilidades. Uma distribuição de probabilidade mostra o número de funcionários em cada intervalo como uma fração do número total de funcionários. Para criar uma distribuição de probabilidades, o número de funcionários em cada intervalo é dividido pelo número total de funcionários e os resultados são listados no eixo vertical do gráfico.

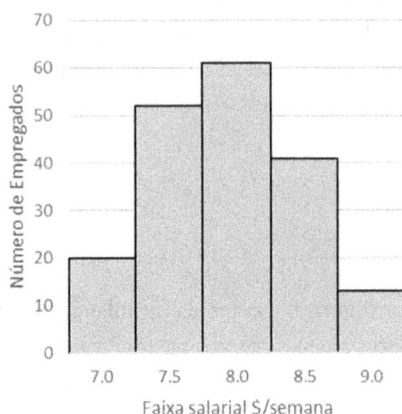

Figura C.1: Histograma de Frequência I

A tabela da Figura C.2 mostra o número de funcionários em cada grupo de remuneração como uma fração de todos os funcionários. Você pode estimar a probabilidade de que um funcionário selecionado aleatoriamente em todo o grupo receba um salário dentro de um determinado intervalo. Por exemplo, assumindo que as mesmas condições existem no momento da coleta da amostra, a probabilidade é de 0,20 (uma em cada cinco oportunidades) para um funcionário selecionado aleatoriamente em todo o grupo ganhar US$8,50 por hora).

As distribuições de probabilidade podem ser discretas ou contínuas. Distribuições de *probabilidades discretas* descrevem valores distintos, geralmente inteiros, sem valores intermediários e são exibidos como uma série de barras verticais. Uma distribuição discreta, por exemplo, pode descrever o número de "caras" em quatro arremessos de uma moeda como 0, 1, 2, 3 e 4.

As *Distribuições Contínuas de Probabilidade* são, na verdade, abstrações matemáticas porque implicam a existência de qualquer possível valor intermediário entre dois números; ou seja, uma distribuição contínua pressupõe que há um número infinito de valores entre dois pontos na distribuição.

No entanto, em muitas situações, a distribuição contínua pode ser efetivamente utilizada para aproximar uma distribuição discreta, embora o modelo contínuo não necessariamente descreva a situação com exatamente.

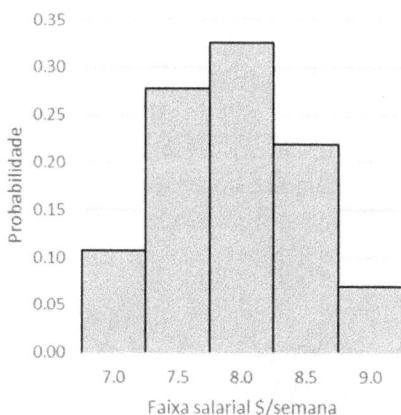

Figura C.2: Histograma de Frequência II

Selecione uma Distribuição de Probabilidade

Organizar os dados de forma gráfica é um dos métodos utilizados para selecionar uma distribuição de probabilidade. As etapas a seguir fornecem outro processo para selecionar as distribuições de probabilidades, que melhor descrevem as variáveis incertas em suas planilhas. Para selecionar a distribuição correta de probabilidades, siga estas etapas:

- Olhe para a variável em questão. Liste tudo o que você sabe sobre as condições em torno desta variável. Você pode ser capaz de coletar informações valiosas sobre a variável incerta a partir de dados históricos. Se os dados históricos não estão disponíveis, use seu próprio critério baseado em experiência, listando tudo o que você sabe sobre a variável incerta.

- Revise as descrições das distribuições de probabilidade.

- Selecione a distribuição que caracteriza essa variável. A distribuição caracteriza uma variável quando as condições na distribuição correspondem às da variável.

Alternativamente, se você tiver dados históricos, comparáveis, contemporâneos ou de previsão, você pode usar os módulos de ajuste de distribuição do *Risk Simulator* [*Ferramenta Analítica | 11 ou 12 - Ajuste de Distribuição*] para encontrar a melhor configuração estatística para os seus dados existentes. Este processo de ajuste aplicará algumas técnicas estatísticas avançadas para encontrar a melhor distribuição e seus parâmetros relevantes que descrevem os dados e as correlações.

Distribuições Comumente Utilizadas na Gestão de Projetos

Existem mais de 50 distribuições de probabilidade disponíveis no *Risk Simulator,* mas apenas algumas são comumente usadas na gestão de projetos. Abaixo está uma lista detalhada dos tipos de distribuições de probabilidade contínua que podem ser usadas na simulação Monte Carlo.

Distribuição logNormal

A distribuição logNormal é amplamente utilizada em situações em que os valores têm assimetria positiva, por exemplo, na análise financeira para avaliação de títulos ou imóveis para avaliação de imóveis, e onde os valores não podem cair abaixo de zero.

Os preços das ações geralmente têm assimetria positiva em vez de uma distribuição normal (simétrica). Os preços das ações mostram essa tendência porque não podem cair abaixo de zero, mas podem subir a qualquer preço sem limites. Da mesma forma, os preços dos imóveis ilustram assimetria positiva com uma distribuição logNormal, pois os valores imobiliários não podem ser negativos.

As condições subjacentes à distribuição logNormal são:

- A variável incerta pode aumentar sem limites, mas não pode cair abaixo de zero.

- A variável incerta tem assimetria positiva, com a maioria dos valores próximos ao limite inferior.

- O logaritmo natural da variável incerta produz uma distribuição normal.

Geralmente, se o coeficiente de variabilidade for superior a 30%, use uma distribuição logNormal. Caso contrário, use uma distribuição Normal.

Os princípios matemáticos para distribuição logNormal são os seguintes:

$$f(x) = \frac{1}{x\sqrt{2\pi}\,ln(\sigma)}\,e^{\frac{-[ln(x)-ln(\mu)]^2}{2[ln(\sigma)]^2}} \quad para\ x > 0;\ \mu > 0\ y\ \sigma > 0$$

$$Média = exp\left(\mu + \frac{\sigma^2}{2}\right)$$

$$Desvio\ Padrão = \sqrt{exp(\sigma^2 + 2\mu)\,[exp(\sigma^2) - 1]}$$

$$Assimetria = \left[\sqrt{exp(\sigma^2) - 1}\right](2 + exp(\sigma^2))$$

$$Excesso\ de\ Curtose = exp(4\sigma^2) + 2\,exp(3\sigma^2) + 3\,exp(2\sigma^2) - 6$$

Média (μ) e Desvio Padrão (σ) são os parâmetros de distribuição.

Requisitos de entrada: Média e desvio padrão ambos >0 e podem ser quaisquer valores positivos.

Conjuntos de parâmetros logNormais: Por padrão, a distribuição logNormal usa média aritmética e desvio padrão. Para aplicações onde os dados históricos estão disponíveis, é mais apropriado usar tanto a média logarítmica quanto o desvio padrão, ou a média geométrica e o desvio padrão.

Distribuição LogNormal 3

A distribuição logNormal 3 usa os mesmos princípios da distribuição original de logNormal, mas adiciona um parâmetro de localização ou deslocamento. A distribuição logNormal começa a partir de um valor mínimo de 0, enquanto essa distribuição logNormal 3 ou logNormal move o local inicial para qualquer outro valor.

A média, o desvio padrão e a localização (deslocamento) são os parâmetros de distribuição. Requisitos de entrada:

Média > 0 e *Desvio Padrão* > 0

A localização pode ser qualquer valor positivo ou negativo, incluindo zero.

Distribuição Normal

A distribuição normal é a distribuição mais importante na teoria da probabilidade, porque descreve muitos fenômenos naturais, como o QI ou a altura das pessoas. Os tomadores de decisão podem usar a distribuição normal para descrever variáveis incertas, como a taxa de inflação ou o preço futuro da gasolina.

As três condições subjacentes da distribuição Normal são:

- Algum valor da variável incerta é o mais provável (a média da distribuição).

- A variável incerta provavelmente poderia ser acima da média, assim como poderia ser abaixo dela (simétrica em relação à média).

- A variável incerta é mais provável que esteja em torno da média do que longe.

Os princípios matemáticos para distribuição Normal são os seguintes:

$$f(x) = \frac{1}{\sqrt{2\pi}\sigma} e^{\frac{-(x-\mu)^2}{2\sigma^2}}$$ para todos os valores de x e μ; enquanto σ> 0

$Media = m$

$Desvio\ Padrão = \sigma$

$Assimetria = 0$ (para todas as médias e desvio padrão)

$Excesso\ de\ Curtose = 0$ (para todas as médias e desvio padrão)

Média (μ) e desvio padrão (σ) são os parâmetros da distribuição. Requisitos de entrada: *Desvio padrão* > 0 e pode ser qualquer valor positivo, enquanto a média pode ser qualquer valor.

Distribuição PERT

A distribuição PERT é amplamente utilizada na gestão de projetos e programas para definir cenários (o pior caso, casos nominais e casos ideais) em tempos de execução de projetos. Diz respeito a distribuições Beta e Triangular. A distribuição PERT pode ser usada para identificar riscos em projetos e modelos de custos com base na probabilidade de atingir metas e objetivos em qualquer número de componentes do projeto, usando valores mínimos, mais prováveis e máximos, mas foi projetada para gerar uma distribuição que mais se assemelha a distribuições de probabilidades realistas.

A distribuição PERT pode fornecer um ajuste próximo às distribuições Normais ou logNormal. Assim como a distribuição Triangular, a distribuição PERT enfatiza o valor mais *provável* sobre as aproximações mínimas e máximas. No entanto, ao contrário da distribuição Triangular, a distribuição PERT constrói uma curva suave que progressivamente coloca mais ênfase nos valores ao redor (próximo) do valor mais provável, em favor dos valores ao redor das bordas. Na prática, isso significa que confiamos na aproximação ao valor mais provável, e acreditamos que, mesmo que não seja exatamente preciso (como as estimativas raramente são), temos a expectativa de que o valor resultante estará próximo da estimativa.

Assumindo que muitos fenômenos do mundo real têm uma distribuição Normal, o impressionante sobre a distribuição PERT é que ele produz uma curva semelhante em forma à curva normal, sem conhecer os parâmetros precisos da curva normal relacionada. Os parâmetros mínimos, mais prováveis e máximos são os parâmetros de distribuição.

Os princípios matemáticos para distribuição PERT são os seguintes:

$$f(x) = \frac{(x-Min)^{A1-1}(Max-x)^{A2-1}}{B(A1,\ A2)(Max-Min)^{A1+A2-1}}, \text{ onde}$$

B é a função Beta e seus parâmetros A_1 e A_2 são, respectivamente:

$$A1 = 6\left[\frac{\frac{Min + 4(Likely) + Max}{6} - Min}{Max - Min}\right]$$

$$A2 = 6\left[\frac{Max - \frac{Min + 4(Likely) + Max}{6}}{Max - Min}\right]$$

$$Média = \frac{Min + 4Moda + Max}{6}$$

$$Desvio\ Padrão = \sqrt{\frac{(\mu - Min)(Max - \mu)}{7}}$$

$$Assimetria = \sqrt{\frac{7}{(\mu - Min)(Max - \mu)}}\left(\frac{Min + Max - 2\mu}{4}\right)$$

O excesso de curtose é uma função complexa e não pode ser facilmente calculado. Requisitos de entrada: *Min* ≤ *mais provável* ≤ *Max* e pode ser positivo, negativo ou zero.

BAIXAR E INSTALAR O SOFTWARE

Como as versões atuais do software são continuamente atualizadas, recomendamos que você visite o site da Real Options Valuation, Inc. e siga as instruções abaixo para instalar os aplicativos de software mais recentes:

- **Passo 1:** Visite **www.realoptionsvaluation.com** e clique em **Downloads** e Download de **Software** (Gráfico A). Você precisará se registrar aqui. Se você for um usuário da primeira vez (Tabela B) registre-se primeiro e receberá um e-mail automático em poucos minutos. (Se você não receber este e-mail de inscrição após a inscrição, envie uma nota para o seguinte e-mail: support@realoptionsvaluation.com)). Ao receber e-mails automáticos, navegue nesta página e assista aos vídeos de iniciação, estudos de caso e modelos de exemplo, que você pode baixar gratuitamente.

- **Passo 2:** Retorne a este site e DIGITE usando as credenciais de login recebidas por e-mail. Baixe e instale as versões mais recentes do **Risk Simulator** e do Real **Options SLS** nesta página. Links para download, instruções de instalação e informações de ID de hardware também aparecem nesta página (Gráfico C).

- **Passo 3:** Depois de instalar o software, inicie o Excel e você verá uma fita de Simulador de Risco. Siga os passos na página da Web para obter instruções e envie um e-mail para support@realoptionsvaluation.com com sua ID do Hardware. Mencione o código **"MR3E 30 Dias"** para receber uma licença estendida e gratuita de 30 dias que você pode usar tanto no software SLS Opções Reais quanto no Risk Simulator.

Real Options Valuation

Inglês | Chinês (simplificado) | Chinês (tradicional) | francês | alemão | italiano
japonês | coreano | Português (brasil) | russo | espanhol

Orders - $0.00

DOWNLOADS DE SOFTWARE

VÍDEOS DE INTRODUÇÃO E MODELAGEM

FOLHETOS DE PRODUTO

MODELOS DE AMOSTRA

ARTIGOS E ESTUDOS DE CASO

CENTRO DE DOWNLOAD

Você também pode visitar nosso site de download espelho se tiver problemas para fazer download desta pl...

Bem-vindo ao centro de download da Real Options Valuation, Inc. Aqui você poderá baixar versões de test... ...pletas do software que você adquiriu (informações de licença necessárias para instalar essas versões completas), brochuras de pro... ...pers e vídeos de treinamento de amostra para ajudá-lo a começar ao usar nosso software, bem como modelos de amostra du... ...isk Simulator e Real Options Super Lattice Solver.

COMEÇANDO E MODELANDO VÍDEOS

A seguir estão alguns vídeos de movimento ao vivo e narrados por voz que podem ser reproduzidos no seu computador usando o Windows Media Player ou outros reprodutores de vídeo com capacidade de reprodução WMV. Você pode simplesmente clicar em qualquer um dos links abaixo para visualizar os vídeos em streaming.

ROV SOFTWARE COMEÇANDO A VÍDEOS

Também temos alguns vídeos de introdução aos softwares Risk Simulator e Risk Simulator mais detalhados que você pode baixar e assistir. Esses vídeos totalizam cerca de 2 horas. Para um treinamento ainda mais detalhado, confira nosso conjunto de 12 DVDs de treinamento (mais de 30 horas) ou nossos seminários práticos de Certified in Risk Management (4 dias). A seguir estão os vídeos de introdução detalhados atualizados no Risk Simulator, apresentando todas as novas ferramentas, como Auto ARIMA, GARCH, JS Curves, Cubic Spline, Máxima verossimilhança, Diagnóstico de dados, Análise estatística, Modeling Toolkit e muito mais...

Figura A: Passo 1 - Site de Download de Software

CENTRO DE DOWNLOAD

Você também pode visitar nosso site de download espelho se tiver problemas para fazer download desta página

Bem-vindo ao centro de download da Real Options Valuation, Inc.. Aqui você poderá baixar versões de teste de nosso software, versões completas do software que você adquiriu (informações de licença necessárias para instalar essas versões completas), brochuras de produtos, estudos de caso e white papers e vídeos de treinamento de amostra para ajudá-lo a começar ao usar nosso software, bem como modelos de amostra do Excel para usar com o software Risk Simulator e Real Options Super Lattice Solver.

VOCÊ É OBRIGADO A ENTRAR PARA VER ESTA PÁGINA.

Nome do usuário

Senha

CONECTE-SE	REGISTRO

Figura B: Registre-se caso seja a primeira vez

Real Options
Valuation

Início | Drdenamplikados | Onivelwesonar | Importe | vende | Italiano
∿ uncrita | ✕ sanano | Danguaga trasit | ∿ russe | ฿ español

CERTIACROCOMM | TREINAMENTO | CONSULTANCIO | PROGRAMAS | LIVROS | TRANSFERÊNCIA | COMPRA
DOWNLOADS |

Item - $0.00

DOWNLOAD DA VERSÃO COMPLETA E DE TESTE

Baixar Risk Simulator 2021 - instalador automático
Baixar Risk Simulator 2021 - instalador automático (site espelho)
Baixar Risk Simulator 2021 - Para Excel de 32 bits
Baixar Risk Simulator 2021 - Para Excel de 32 bits (site espelho)
Baixar Risk Simulator 2021 - Para Excel de 64 bits
Download: Risk Simulator 2021 - Para Excel de 64 bits (site espelho)

Baixe a versão ANTIGA do Risk Simulator 2020 - instalador automático
Baixe a versão ANTIGA do Risk Simulator 2019 - instalador automático
Baixe a versão ANTIGA do Risk Simulator 2018 - instalador automático

Esta é uma versão completa do software, mas irá expirar em 15 dias, período durante o qual você pode comprar uma licença para desbloquear o software permanentemente. Desinstale primeiro qualquer versão antiga anterior do Risk Simulator antes de instalar esta versão mais recente.

Para desbloquear o software permanentemente, adquira uma licença e nos envie por e-mail sua ID de hardware, após instalar o software, inicie o Excel, clique em Risk Simulator Licença e envie um e-mail para admin@realoptionsvaluation.com com a ID de hardware de 16 a 20 dígitos localizada na parte inferior esquerda da tela inicial). Enviaremos a você um e-mail com um arquivo com licença permanente. Salve este arquivo em seu disco rígido, inicie o Excel, clique em Simulador de Risco, Licença, Instalar Licença e aponte para o local deste arquivo de licença, reinicie o Excel e agora você está licenciado permanentemente. À instalação da licença leva apenas alguns segundos.

REQUISITOS DO SISTEMA, PERGUNTAS FREQUENTES E RECURSOS ADICIONAIS:

* Windows 7, 8 e 10 (32 e 64 bits)
* Microsoft Excel 2010, 2013 ou 2016
* 2 GB de RAM mínimo (4 GB recomendados)
* 500 MB de disco rígido
* Direitos administrativos para instalar software
* Microsoft .NET Framework 2.0, 3.0, 3.5 ou posterior
* Os usuários do MAC OS precisarão de uma Máquina Virtual ou Parallels executando o Microsoft Excel

Figura C: Baixe links e instruções de ID de hardware

ÍNDICE

www.ingramcontent.com/pod-product-compliance
Lightning Source LLC
Chambersburg PA
CBHW060044210326
41520CB00009B/1260